新时代 教育评价理论与实践研究

主　编　巫世晶　曾峥

副主编　王蔡华　居森林　林德元　赵治乐
胡敏　郭衍良　曾昕

武汉大学出版社

图书在版编目(CIP)数据

新时代教育评价理论与实践研究/巫世晶,曾峥主编.—武汉:武汉大学出版社,2023.7

ISBN 978-7-307-23702-5

Ⅰ.新⋯　Ⅱ.①巫⋯　②曾⋯　Ⅲ.高等学校—教育评估—中国—文集　Ⅳ.G649.21-53

中国国家版本馆 CIP 数据核字(2023)第 062216 号

责任编辑:胡国民　　　责任校对:鄢春梅　　　版式设计:马　佳

出版发行:武汉大学出版社　　(430072　武昌　珞珈山)

(电子邮箱:cbs22@ whu.edu.cn　网址:www.wdp.com.cn)

印刷:湖北恒泰印务有限公司

开本:720×1000　1/16　印张:9　字数:129 千字　插页:2

版次:2023 年 7 月第 1 版　　2023 年 7 月第 1 次印刷

ISBN 978-7-307-23702-5　　定价:42.00 元

目　　录

中国大学的文科为何需要交叉之我见

吴根友

  分科教育自古以来就有，中国古代的六艺之学——"礼乐御射书数"，古希腊的六艺之学或七艺之学，都是分科的。但古代的分科没有现代大学的学科分化这么细致、深入，因此现代的大学教育，特别是大学的文科教育，在保持自己的专业性同时，需要加强学科交叉，以培养适应现时代要求，具有更加广泛适应性的综合性人才。同时，作为大学教师与科研人员，除了在自己所在的专业领域不断深耕之外，也需要自觉地展开学科交叉，以促进自己的科学研究，取得更多具有原创性的学术成果。2016 年 5 月 17 日，习近平总书记在哲学社会科学工作座谈会的讲话中，专门提到哲学社会科学研究要重视、发展交叉学科的问题。他说："要加快发展具有重现实意义的新兴学科和交叉学科，使这些学科研究成为我国哲学社会科学的重要突破点。"①根据习总书记的要求，当代中国大学的文科建设与发展，需要大力加强交叉学科的建设工作。

  如众所知，现代学术的主流倾向是分工、分科，这是与现代化的大生产密切联系在一起的。要提高劳动生产力，就必须有专门的关于生产产品的知识。再加上现代商业的推波助澜，分工越来越细，产品的质量不断提高，产品的种类也越来越多，以我们日常生活的牙膏为例，按照性别分类，有男士牙膏、女士牙膏，按照年龄分类，有成人牙膏、儿童

---

① 习近平.习近平谈治国理政（第二卷）［M］.北京：外文出版社，2018：345.

牙膏、老年牙膏，还有适应不同消费品口味的种种类型的牙膏。这只是现代日用化工产品极为普通的一个例子。这种现代工业生产的内在需要，对于大学的教育与人才培养，也就提出了分科培养专业人才的社会要求。从教育学的自身角度看，大学可以按照知识逻辑的内在要求，为推动社会进步培养大量的专业人才。就此点而言，杜威曾经说，教育是生活。但中国的教育家陶行知先生却说，生活是教育。这是强调大学教育与一切教育与社会生活的内在关系。教育从来都是社会生活中的有机组成部分，是特定社会与特定历史阶段的教育。因此，社会也会对大学的专业设置提出看不见的内在要求。这种社会要求，既有直接的就业岗位的测试指标，也有无声的社会生产和社会发展的要求在呼唤大学教育、科研的变化。整体上说，工科与社会的需求最为直接，理科次之；文科之中，经济与管理、社会学、法学、现代的信息学等一些偏向应用的学科，与社会的需要也是非常直接的，而文学、历史、哲学与语言学、艺术等人文性的学科，与社会需求的直接相关性相对较低，因此，在人才培养方面与社会的直接对应性相对弱。这些学科往往主要遵循自己的学科传统，适当应对社会的需要而展开自己学科的科学研究与人才培养工作。但在新的历史时期，文科，特别是人文学科，也应该积极呼应社会的需求，而在遵循学科规律与社会需要的二者之间，寻求适当的平衡，展开学科的交叉，推进人文社会科学的发展与繁荣。

　　社会需要与大学学科的关系，以及中国大学的文科为何需要交叉，是一个宏大的主题，需要有专门的研究方能给出比较全面的回答。本文在此仅从学科自身的特点出发，同时也是从自己的研究与教学经验的角度出发，谈一谈文科为何需要交叉。一得之见，并不一定契合其他学科的情况，仅供大家参考。

　　目前我个人从事的是中国哲学的教学与研究工作，专业领域是明清哲学研究，即是关于明末至整个清代哲学思想史的研究。相对于广阔而又复杂的社会生活与社会事务而言，这是一个非常狭小的研究领域。但就是这样一个非常狭小的领域研究，它要涉及的知识面就非常广，首先，要懂得这个时间段的基本历史概况。晚明以来，中国与西欧社会开始了往来，耶稣会传教士来华，是近四百年来的一大事因缘。研究明清时期的中国哲学，如果完全忽视这一重大的历史现象，明清哲学研究的水准就会大打折扣。而要涉及这一领域的研究，域外汉学、中西哲学思想的比较就成为必需的知识背景。而域外汉学、中西比较，就要涉及文学、历史等其他的一级学科的知识，在哲学的一级学科内，就必须深度涉及外国哲学的二级学科。

在明清哲学研究过程中，乾嘉时代的考据学涉及的知识范围十分广泛，首先，乾嘉时代的历史考据学，需要研究者懂得中国历史。其次，乾嘉时代的经学考据学，需要研究者懂得文学学科中的古代汉语与基本的音韵、训诂知识，否则这个时代学者们的研究成果就看不懂。在乾嘉经学与史学的考据学成果当中，有相当大的一部分内容涉及古代天文、历法、音乐等专业领域的知识，如果对中国天文学、古代历法、音乐中的音律知识一点都不懂的话，我们就无法读懂他们的成果，更别谈什么研究了。因此，要真正深入研究明清时期的中国哲学，至少要了解历史、古代科学史中的天文学史、数学或算术史、历法变化史、古代音乐中的音律知识、文学学科中的古代汉语，以及古代汉语中的相对比较专门的音韵、训诂等知识。没有这些跨学科的知识，真正深入的、高水平的明清思想研究成果是难以产生的。而一个人要同时懂得这么多领域内的知识，是非常困难的，因此必须借用其他学科的研究力量与研究人才，实现学科交叉以寻找学术研究的突破。

上面仅以我个人的专业领域的研究经验，讨论了文科研究者需要交叉学科知识的实际需要，还没有从学理上阐明文科需要交叉的所以然的道理，下面就尝试从文科科研与教学的双重角度，谈一谈需要交叉的道理。

从文科科研的角度看，交叉可以分为不同一级学科的交叉与各一级学科内部的二级学科之间的交叉这两种类型的交叉。就文科的不同一级学科的交叉状况来看，社会科学类型的文科学与人文学类的文科交叉，是第一步，然后是社会科学内部与人文学科内部各自一级学科之间的交叉。文科面对的对象是人和社会，人和社会是一种整体性的存在，研究人与社会的文科各学科，如果缺乏学科交叉，就不足以从整体性的角度来考察人和社会的问题。如果从单一学科的角度考察人和社会，用所谓的专业知识和数据说话，可能会触及某些片面性的真理，但在很大程度上得出的是在整体上不够科学的结论与看法。学科交叉给予文科研究者的，不仅是一种工具性的知识，也是一种研究的视角与视野。如果经济学只看到经济效益的重要性而忽视人的存在，特别是有关经济效益的分配正义问题，这样的经济学不是好的经济学。经济学不仅要研究如何赚钱，还要研究如何赚钱的同时用最经济的方式减少环境的负担，以经济的手段来促进环境的改善。还要考虑经济发展成果分配的社会正义问题。管理学不只是重视效率与有序化、组织的活力，还要充分注意到人的尊严问题，否则管理学就变成控制学。社会学虽然十分重视社会原子事实，但社会学领域内的所有原子事实，都是人与自然打交道，人与人打交道，人在特定的社会组织内活动的结果，这些社会原子事实不是自然界的盲目的力量相互作用的结果。因此社会学的实证研究一定要重视人的动机，人的动机背后的文化传统、价值导向对于人的行为与选择的影响。只有多领域、大视野地考察社会原子事实，社会学依托科学手段展开的社会调查及其获得的数据，才有可能更加真实地反映社会原子事实所蕴含的可能趋势，其中一些带有科学实证特征的社会学研究成果才有可能揭示某些方面的社会真相。

人文学与社会科学的交叉是十分重要的，所有社会科学都会以其所触及的时代问题向古老的人文学提供时代问题意识。仅以哲学学科与经济学、管理学、法学、社会学的交叉而言，具体社会科学就可以向哲学提出新的时代问题。举例言之，当今法学界研究人类空间的主权拥有问题就是一个新的法学问题。18世纪以来，西方政治哲学、法哲学家，如康德基于西方基督教背景而提出的人权概念，然后依托此人权概念来建构民族国家的主权概念，在今天人类的空间主权拥有方面，还有没有意义？人类空间的主权需要建立在什么样的哲学人权观念基础上，然后才能建立一个普遍适用的国际法，以妥善处理人类空间主权的拥有问题？我个人认为是法学向哲学提出的新问题。如果没有地球人类的集体权利的观念，就难以建立一套坚实的人类空间权利拥有与维护的国际法。而近现代西方的资产阶级的法权思想与哲学基础，是基于原子论式的个人主义的哲学理论基础之上的。如果我们当代的政治哲学不去关注现代国际法在人类空间权利的拥有与维护的真实问题，就很难去重新思考现代政治哲学的人权理论与现代个人主义理论的局限性。现代发展经济学面临的环境瓶颈和贫穷与自由的关系问题，就逼迫现代哲学家必须重新思考人与自然的关系。主体性的伸张与地球自然环境的实际承受力的问题、少数人的自由与人类的整体自由的关系，就需要被当代的政治哲学、伦理学、法哲学去重新思考。要而言之，各门具体的社会科学所面临的新问题，最后自然而然地要向哲学提出新的时代问题，要求哲学从更加综合的、全面的角度予以重新回答。人文学科的学者经常性地自觉与社会科学的科学工作开展具有交叉性的学术交流，既能为社会科学家的具体研究提供更加广阔的思想视野，同时也将从社会科学的具体问题中汲取新的、真实的社会问题意识，进而促使哲学的旧问题而获得新的材料刺激，同时也会迫使哲学思考新的问题，乃至提出新的哲学理论，实现哲学的理论创新。

现代自然科学在宇观与微观两个层次都向人类展示了前所未有的物理世界图景。量子纠缠现象已经在通信领域里取得可观的实验效果，而有关量子纠缠现象的自然哲学思考则将推进哲学关于微观世界的认识。古老的佛教哲学关于刹那生灭的思想猜测，在量子物理学的实证科学面前获得新的解释形式。而古老佛教关于多重世界的想象，以及万劫成毁的想象，在现代宇宙学的视野里，特别是恒星毁灭、黑洞现象等的发现，也获得了新的知识图谱的实证。这就表明，哲学的理性想象有时也能够为我们的科学实证研究提供思想的佐证。我们的太阳系在银河星系里显得那么渺小，中国古代哲学有关"人是天地之心"的哲学论断如何加以重新解释？这是现代宇宙学对于中国古代哲学提出的挑战。要而言之，所有学科的学者在坚守自己研究领域的同时，都将面临着一个真实的要求，即不断扩大自己的知识视野与思想视野，以推进自己的学术研究。从学科的角度来说，即通过学科交叉的方式实现自己研究的新突破；然后将自己研究的新突破转化成课堂教学的有机内容，使得大学的教育也能够及时地反映学科交叉的实绩，从而激发我们的大学生自觉地养成学科交叉的思维习惯与心理习惯。

最后，我想借用清代历史哲学家章学诚在《文史通义》一书《原道下》一文中的两段话作为本文的结尾，其一曰："夫六艺并重，非可止一经也；经旨闳深，非可限于隅曲也。"其二曰："义理不可空言也，博学以实之，文章以达之，三者合于一，庶几哉，周、孔之道虽远，不啻累译而通矣。"①我们今天的文科研究固然不是古代的"六艺"，但在原理上应该如章学诚所言类似，即可不守于一科。与自然科学重在"求真"的单纯目标不同，文科对于真善美的追求是其整体性的目标，因此所有文科学者都应当避免"限于隅曲"的学科自闭与孤陋之中。而就哲学本身而言（即章氏所说的"义理"），更应该在广泛地学习社会科学、自然科学的前沿知识的前提下，实现当代中国哲学的理论创新。

---

① 章学诚. 文史通义新编新注［M］. 仓修良，编注. 杭州：浙江古籍出版社，2005：105.

深化教育评价改革，促进高校选拔机制转变

白　玉

2020年6月30日，习近平总书记主持召开中央全面深化改革委员会第十四次会议，审议通过了《深化新时代教育评价改革总体方案》（下文简称为《总体方案》）。会议明确提出，教育评价事关教育发展方向，要全面贯彻党的教育方针，以社会主义为办学方向，依照教育发展规律，结合不同主体和不同学段、不同类型教育特点，完善结果评价，注重过程评价，并寻求增值评价；突破唯分数、唯升学、唯文凭、唯论文、唯帽子的局限性；到2035年，基本形成富有时代特征、彰显中国色、体现世界水平的教育评价体系。

教育评价事关教育发展方向，依据《总体方案》的标准，高校办学要结合评价导向，尤其对基础教育和高等教育而言，深化考试招生制度改革，是落实《总体方案》的关键点。习近平总书记多次强调要加快考试招生制度改革，国务院也出台多项意见，并颁布了一系列关于招生考试的政策文件。浙江、上海均作为试点区域制定了特色化试点方案，并针对现行考试招生制度提出了重大改变。这些改革与变化直接关乎高校选拔、办学制度和培养方案的方方面面。

高校是改革的参与主体，需要把握好新一轮考试招生制度改革所带来的机遇以及未来将面临的巨大挑战，构建适应时代变化的选拔制度，通过综合评价录取的方式，完善与创新人才选拔模式，探索多元录取方式，提高高校招生能力，促进高校选拔机制的转变。

一、实施综合评价是高校选拔机制转变的根本方向

全面贯彻党的教育方针，促进学生全面而有个性地发展，必须对考试评价制度加以改革与完善，构建以发展素质教育为导向的科学评价体系，转变仅依赖文化知识考试的招生机制，实施综合评价的方式。

国务院于 2010 年发布《国家中长期教育改革和发展规划纲要（2010—2020 年）》。该纲要专门讨论了考试招生方面制度的改革，强调将考试招生改革作为突破口，克服一考定终身的弊端，推进素质教育实施和创新人才培养。"按照有利于科学选拔人才、促进学生健康发展、维护社会公平的原则，探索招生与考试相对分离的办法，政府宏观管理，专业机构组织实施，学校依法自主招生，学生多次选择，逐步形成分类考试、综合评价、多元录取的考试招生制度。"在该纲要中，党和国家第一次确立了综合评价改革在我国考试招生制度改革中的核心地位。

教育部在深度调研和总结经验的基础上于 2020 年 1 月发布《关于在部分高校开展基础学科招生改革试点工作的意见》，决定在部分"双一流"建设高校开展基础学科招生改革试点（亦称"强基计划"）。

高校在执行"强基计划"的过程中，需贯彻落实全国教育大会精神，构建基于统一高考的多维度指标评价学生的招生模式，还要考虑学生综合素质等方面的评估，并将评估结果纳入高校考核成绩评价范围。在高校考核过程中，"强基计划"改变了以往招生过程中的"唯分数论"的模式，采用综合素质评估的方式，这是我国完善立德树人、进行合理教育评价的有效举措之一，对于促进学生全面发展、发展与建设素质教育具有正面的引导作用。

在评价过程中，高校已将高中学业水平考试成绩、全国统一高考成绩、高校考核成绩、综合素质评价结果等纳入评价范围，以转变"一考定终身"的模式。全国统一高考和高中学业水平考试，在学科素养测试方面已具有较高的可信度，高校后续不应再进行学科测试，应转而开展跨学科综合能力测试。由高校组织开展的跨学科综合成绩测试，将对我国高中教

育打破分科教育、发展素质教育、培养学生核心素养等，具有重要的正面引导作用。

二、做好拔尖创新人才选拔是高校选拔机制转变的重要环节

党的十九大报告明确强调，"创新是引领发展的第一动力，是建设现代化经济体系的战略支撑"。在几代人的共同努力下，我国人才队伍建设成绩斐然。但目前在创新型科技人才方面还存在结构性矛盾，重大科研项目、重大工程、重点学科等领域领军人才严重不足。由此可见，高考招生制度改革应立足社会经济发展现状，采用更科学、更高效的人才选拔标准，发掘兼具突出学科特长与创新潜质的拔尖创新学生。

前文所述"强基计划"聚焦国家重大战略需求，同样也担负着为国家选拔拔尖创新人才的任务。"强基计划"明确要培养高端芯片与软件、先进制造、智能科技和国家安全等关键领域或国家紧缺的人文社科领域等拔尖人才。前者重点招生方向为数学、物理、化学、生物和计算机等理工类专业，后者重点招生方向为哲学、历史学和中国语言文学等人文社科类专业。除紧跟国家战略与方针外，高校要全方位展现自身教学优势，科学设计招生专业。

"强基计划"的遴选范围为办学实力雄厚的一流大学建设计划中的36所A类高校。高校开展改革遵循一校一策、因地制宜的基本原则，在系统考虑高校学科特色、科研平台、师资队伍以及人才培养水平等多种因素的基础上，综合设计招生，简称"培养方案"。此外，"强基计划"还需要高校与现阶段的"珠峰计划""六卓越一拔尖""双一流"建设等建设计划相协调配合，共同服务拔尖创新人才的培养。

在实施"强基计划"的具体过程中，高校把高考成绩作为考生入选和录取的重要先决依据。尽管高校为部分极具学科特长的学生，留有破格录取的赛道，并将破格录取条件提高至全国中学生学科奥林匹克竞赛全国决赛二等奖（含）以上成绩，甚至不占用正常入围的考生指标，但

大多数考生以考生的高考成绩获得考核选拔入场券，这在最大限度上兼顾了社会公平。

在考生录取时，"强基计划"将考生高考的成绩、高校综合测考的结果以及综合素质评价三者综合，在要求高考成绩在其中所占的比例不能低于85%的前提下，依照考生综合成绩从高到低择优录取。在整个选拔过程中，高考成绩在招生中充分发挥了公平公正的重要作用，哪怕是因竞赛奖项而破格录取的学生，其高考成绩也必须达到本科一批线录取的最低分数线。此外，"强基计划"破格入围条件、破格录取条件都必须提前向社会公开，高校需先组织相关学科领域的专家对破格入围的考生进行严格考察，再将符合条件的学生上报至高校招生领导小组和考生生源所在地省级高校招生委员会审核，核准后方可正式录取。

于高校而言，选拔并非主要目标，人才培养才是最终目的。"强基计划"通过培养方案审核、培养能力合理评估，以实现创新拔尖创新人才选拔工作和培养工作的完美衔接。"强基计划"以基础学科为重点，高校在申报强基专业、设置强基考核方案、制订培养方案时，都需结合自身办学特色，充分利用已有的办学资源。例如，以中国人民大学、中央民族大学为代表的传统文科类高校仅限于文、史、哲三种专业；理工类大学如北京航空航天大学、北京理工大学等，则限定在自然科学领域；中国农业大学、中国海洋大学仅在具有高校优势特色的生物专业招生；而北京大学、武汉大学等传统综合大学与清华大学、浙江大学等新兴综合大学，则对大多数甚至全部"强基计划"专业进行招生。

"强基计划"积极对接高等教育，把高校人才选拔与培养紧密衔接，着力实现学生成长、国家选才、社会公平的有机统一，打破唯分数论的痼疾，切实健全立德树人机制。

三、克服单一评价指标，探索多元录取模式是高校选拔机制转变的必要途径

从2010年国务院发布的《国家中长期教育改革和发展规划纲要

（2010—2020年）》(以下简称《纲要》)确定我国新一轮高考综合改革方向，到2014年国务院和教育部共同发文提出"启动高考综合改革试点"，再到2019年14个省份分批启动改革试点，其中首批试点省市浙江、上海已经过两轮改革实践，可以说，高考综合改革已取得重要进展。

新高考改革大大减少了"一考定终身"所带来的弊端，从学生语言能力、社会实践能力、思考方式、科学人文素养、创新精神等方面多角度对学生进行综合考察，以优化人才考核评价方式为目的，以高校为主体引导基础教育深化改革，促进科学选才。

《纲要》当中明确了五种录取渠道：（1）进行统一入学考试是普通高等学校本科阶段招生的常见方式，高校可以根据考生的学业水平考试、综合素质进行综合评定与择优录取；（2）对于学科特长突出、符合学校培养要求的学生，高校可根据面试或测试成绩进行自主录取；（3）对高中阶段全面发展、表现优异的学生，可采取推荐录取；（4）对符合选拔条件并自愿到国家需要的行业、领域就业的学生，签署协议进行定向录取；（5）对在实践岗位上有过突出贡献或者有特殊才能的人才，建立专门程序，破格录取。《总体方案》也强调评价内容要克服"唯分数"的单一指标，建立多元评价指标体系，多方面、多角度评价学生。

高校实行多元录取机制是我国未来高考招生发展的大势。高校也将结合过往试点的经验与教训，对招生机制进一步调整与完善，推进改革逐渐深入。

多元录取标准能够实现高校与学生之间的双向匹配。单纯的分数考核既不能反映高校的个性化特色，也难以考查学生的综合素质。在全面考察生源的基础上，高校应结合办学特色，对与高校特色契合的考生的能力与特长进行重点考察，以便招收到相匹配的生源，促进高校的个性化发展；实施多元录取标准不仅能发挥招生指挥棒的重要作用，引导学生全面且有特色地发展，还有利于学生在高校就读期间提升学习质量、培养跨文化能力。

四、新高考背景下提高招生能力，是高校
选拔机制转变的有力保障

高校作为招生主体，也应着力招生能力建设。

第一，构建一支专业且实力强劲的招生队伍。一支实力较强、综合素质较高的专业队伍对招生工作的开展影响较大。高校应成立专门的综合评价招生委员会，由院系的学科带头人、教研室负责人、研究生导师等组成专业评委。录取制度的完善，对招生工作者的能力提出了更高的要求，故而该队伍还应重视业务培训，提升招生工作者的专业，以应对不断专业化的录取工作——编制与投放、录取过程的控制、招生结果的统计分析等。

第二，专业导向助人尽其才。志愿填报方式的变革是新高考背景下高校选拔环节的又一关键转变——变"学校＋专业"为"专业＋学校"，且辅之以取消录取批次限制。这看似微小的变动实则反映了改革由表及里、深入触及人才选拔方式的价值取向和思维方式层面。在新高考改革背景下，志愿填报由以往十个左右的学校平行志愿，转变为多达几十个的专业平行志愿，给予考生更自由的选择空间，增加了高校与考生之间双向选择的机会。此外，取消高校录取批次的人为限制，导致改革前按批次招生的部分高校面临更大的挑战，迫使高校大力进行优势学科建设。从国家宏观角度而言，这项改革十分利于培育更加拔尖的专业人才，避免教育资源浪费；由学校优先逐步发展为专业优先的填报顺序，正在逐步改变过往学生重点考虑高校办学层次的功利价值取向，注入一种"生涯规划"的思维逻辑。

第三，增强办学水平。一般情况下，高校的办学水平和招生能力成正比。在探索与完善的过程中，高校将面临机遇与风险并存的局面，要将现有的"平行志愿"朝着最终的"平行录取"方向引导，在考生与学校两者之间构建良性的双向选择机制，最终实现"一档多投"。同时高校也应跳出"舒适圈"，清醒地看到如今出国留学渠道不断增加、多元

录取等试点范围不断扩大等现状。在如今优胜劣汰的市场机制下，一部分办学质量不佳、社会认同度较低的高校将面临被淘汰的危险处境。在严峻的社会形势下，高校唯有加强办学水平，不断完善与发展人才培养模式，办出特色、办出水平方有出路。倘若高校能展现出多层次的办学优势，满足考生多元化、个性化的需求，亦是对高考改革发展的一种助力。

第四，做好宣传推广工作，进一步提高高校的知名度与美誉度。"酒香也怕巷子深"，高校不仅要总结凝练自身的办学现状与优势，还要抓住良好的发展机遇主动宣传与推广。在新的历史发展阶段，招生宣传必须坚持"传统手段与新兴媒体""走出去与请进""长期性与阶段性""专职人员与兼职人员"相结合，以考生及家长、师生员工和社会的关注度为引领，以网站、微信、微博、QQ等网络信息技术为依托，建立辐射全国、通达考生的宣传推介互动平台。

五、结　语

推动《总体方案》全方位执行，需要社会各界人士充分认识新时代的改革背景、教育对社会发展带来的整体效应、教育评估对教学的重要作用。高校还要适应招生制度改革所带来的影响，采取相应的对策，以便更好地适应社会发展变化，加强办学质量建设，逐步提高就业层次，保证生源质量，办人民满意的高等教育，在不断加剧的高校竞争过程中占据优势。

参考文献：

［1］中共中央 国务院印发《深化新时代教育评价改革总体方案》［A/OL］.［2020-10-17］.http://www.gov.cn/zhengce/2020-10/13/content_5551032.htm.

［2］国家中长期教育改革和发展规划纲要（2010—2020年）［EB/OL］.［2020-07-14］.http://www.moe.gov.cn/srcsite/A01/s7048/201007/

t20100729_171904.html.

　　［3］国务院关于深化考试招生制度改革的实施意见［EB/OL］
［2020-07-14］. http://old.moe.gov.cn/publicfiles/business/ht-mlfiles/moe/
moe_1778/201409/174543.html.

　　［4］国务院.关于深化考试招生制度改革的实施意见［EB/OL］.http：
//www. gov. cn/zhengce/content/2014 - 09/04/content_9065.htm.

　　［5］国务院.深化新时代教育评价改革总体方案［EB/OL］.http：//
www. gov. cn/zhengce/2020-10/13/content_5551032. htm.

　　［6］张志勇，杨玉春.综合评价是考试招生制度改革的根本方向［J］.
中国考试,2020（8）：11-15.

　　［7］秦春华，姜佳玥.深化考试招生制度改革推进新时代教育评价改
革［J］.中国考试，2020（12）:10-14.

　　［8］辛涛.深化教育评价改革促进育人方式转变［J］.中国考试，
2021（2）:4-6.

深化人才评价改革：武汉大学职称评审改革实践

蔡　瑞

一、背　景　介　绍

在新时代科教评价体系改革背景下，高等学校教师职称评审既是人才评价中最为常规的场景，又是科教评价体系的重要组成部分，因此健全职称制度体系、完善职称评价标准、创新职称评审机制等工作至关重要。2020年7月，人力资源和社会保障部、教育部共同起草《关于深化高等学校教师职称制度改革的指导意见（征求意见稿）》，该意见强调"落实高校职称评审自主权，围绕健全制度体系、完善评价标准、创新评价机制，形成以人才培养为核心，以品德、能力和业绩为导向，评价科学、规范有序、竞争择优的高校教师职称制度"。[①] 目前，各高校的职称评审工作大多参照2017年发布的《高校教师职称评审监管暂行办法》中"高校教师职称评审权直接下放至高校"[②] 的规定自主开展，在具体的评审程序、标准、方法等方面存在较大差异，如差额和等额候选人推荐方式的

---

① 人力资源和社会保障部 教育部.关于深化高等学校教师职称制度改革的指导意见［EB/OL］.［2020-12-31］http://www.moe.gov.cn/jyb_xxgk/moe_1777/moe_1779/202101/t20210126_511116.html.
② 教育部 人力资源社会保障部.关于印发《高校教师职称评审监管暂行办法》的通知［EB/OL］.［2017-10-20］http://www.moe.gov.cn/srcsite/A10/s7030/201711/t20171109_318752.html.

15

差异、记名和无记名投票方式的差异、分科和学科大一统分类评审方法的差异等。这些差异反映出评审组织和具体程序存在的不规范性，可能导致职称评审的不公正性。高校作为知识创新、知识传播和知识转移的核心场所，其职称评审机制直接关系到国家创新体系的人才和智力资源支持。对评审程序化工作进行规范性约束和导向性指引，有利于促进整个评审过程的公平、公开和有序开展，同时有助于平衡多元主体的利益关系，规避重复工作，降低成本，提高效率。

面对职称评审这一科教评价改革难题，各高校一方面应全面综合分析自身发展现状，结合实际情况构建符合自身特色的职称评审体系；另一方面应充分借鉴先进经验。本文立足于后一种视角，旨在通过剖析实际案例，对职称评审工作的组织逻辑进行基本阐释，考察和评估案例的示范效应和经验价值，掌握其中有意义、有价值的影响因素，为高校职称评审工作的规范化实施提供借鉴和参考。在案例选择上，武汉大学作为我国具有代表性的综合性高校，学科门类全、师资体量大，不仅在职称评审工作中积累了丰富经验，而且评审工作流程的通用性较强。因此，本文重点梳理武汉大学近年来在职称评审改革工作中的特色和经验。一方面，根据《武汉大学教师专业技术岗位聘任实施办法（征求意见稿）》，对武汉大学职称评审工作的组织程序进行系统梳理；另一方面，基于武汉大学评审工作实践，总结其亮点。本文旨在为高校的职称评审工作提供借鉴，推动高校职称评审工作的规范化和人才评价体系改革理念的落实。

二、基 本 程 序

高校教师专业技术岗位的中初级岗位可由各单位根据需要自行制订聘任计划，高级岗位则需要完整的学校评审流程，因此本文以最常见的教学科研型教师高级职称评审为例，梳理和介绍武汉大学专业技术岗位的评聘程序。具体流程包括：个人申报、各级委员会成员遴选、单位资格审查（校内外专家评审）、单位评议及推荐、学部（或领域）评审、学校评审及聘任。具体程序如下图所示：

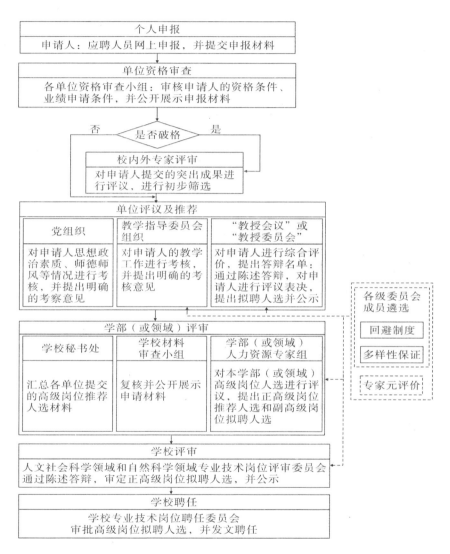

武汉大学职称评审流程

（一）个人申报

申请人认真填报相关材料，并对填报内容的真实性、有效性负责。

（二）单位资格审查

各单位资格审查小组审核申请人的资格条件和业绩申请条件，并公开展示申报材料。实施以代表性突出成果突破学历、资历等条件限制的举措，对于提交若干项突出成果申请晋升的教师，由各单位组织至少5名校内外评审专家对申请人提交的突出成果进行评议，评议结果分为"达到""基本达到""未达到"三个等级，如有半数以上为"未达到"，则不能进入下一轮评审程序。

（三）单位评议及推荐

1. 思想政治素质、师德师风考察

各单位党组织对申请人思想政治素质、师德师风等情况进行考察，并提出明确的考察意见。考察时，对照《新时代高校教师职业行为十项准则》和师德禁行行为"红七条"，严格执行师德师风"一票否决"制度。

2. 教学工作考核

各单位教学指导委员会组织对申请人的教学工作进行考核，综合教师自评、学生评教、同行评价、督导评价、日常教学管理考核等多种评价方式和手段，多维度考评申请人教学纪律与规范、课堂教学质量、教学过程管理、教学改进、教学服务与投入等教学工作实绩，并提出明确的考核意见。根据各单位学科分布和专业设置情况，教学指导委员会由不少于15名的委员组成。

3. 单位评议推荐

在教学工作考核的基础上，单位"教授会议"或"教授委员会"对

申请人进行综合评价，并提出高级岗位推荐人选。"教授会议"一般由学院全体正高级专任教师组成。"教授委员会"一般由 9~27 名学院的教授代表组成。"教授会议"或"教授委员会"通过陈述答辩的方式对申请人进行考察和评议表决，提出高级岗位推荐人选，并公示。在答辩过程中，主要采用结构化面试的形式。

（四）学部（或领域）评审

1. 复核并公开展示申请材料

学校秘书处汇总各单位提交的高级岗位推荐人选材料，学校材料审查小组复核并公开展示申请材料。要求各院系除将以往的材料展示和结果公示外，在报送学校之前，还须将本单位晋升晋级材料和审核结果在职称申报系统中面向全校公开展示，展示期不少于 7 天。二、三、四、七级岗位人员材料及审核结果提交学校后，学校在系统内再面向全校公开展示，展示期至评审结束。教职工个人可随时登录职称申报系统，在"公示查询"中查阅本单位和学校公示的申报人员信息。

2. 确定推荐人选

学部（或领域）人力资源专家组由不少于 15 名人力资源专家委员会专家库成员组成，主要以现场答辩的方式对教师高级岗位人选进行评价，提出教授岗位推荐人选和副教授岗位拟聘人选。答辩前设置评审专家培训、候选人介绍、学科差异性交流环节，尽量降低学科差异带来的评审误判影响。

（五）学校评审

学校专业技术岗位评审委员会，分为人文社会科学领域和自然科学领域专业技术岗位评审委员会，分别由不少于 25 名人力资源专家委员会专家库成员组成，对教授岗位人选进行审定。教授、副教授人选确定后面向全校公示。

（六）学校聘任

学校专业技术岗位聘任委员会由全体校领导组成，校长任主任，下设材料审查小组和秘书处，主要负责审批全校高级岗位聘任人选，受理投诉和举报，协调和处理岗位聘任中的有关事宜。高级岗位拟聘人选由学校专业技术岗位聘任委员会负责审批，并发文聘任。

三、保障机制

（一）政策宣讲与培训

1.面向专家的培训

向专家提供包括政策解读、评价导向、评审原则、评审流程和评审标准的培训，强调科学评价的严肃性和重要意义，帮助专家全面理解学科差异性及具体注意事项。培训完成后，专家需签署承诺书。

2.面向申请人的培训

向各单位申请人提供陈述答辩环节的培训，包括答辩环节的流程、答辩的主要内容和要点、申请人需要准备的展示材料、陈述答辩环节的评价标准等。

（二）评委遴选

在遴选委员会成员、组建上述各级评审与聘任、申诉组织的过程中，需要注意严格执行回避制度、保密制度，并保证组织成员的多样性。

1.回避制度

评委在评审会前集中学习评审纪律要求并签名确认，保证自觉、客观地履行评审职责，不受拉关系、打招呼的影响和左右，尽可能排除一切干扰。与候选人有夫妻关系、直系血亲、三代以内旁系血亲关系或近姻亲关系，师生导师关系或其他有可能影响公正的关系时，应主动提出回避。如可能因学术观点、情感倾向等原因影响学术评价公正性时，申请人有权在提交申报材料时提出不超过 3 名回避专家。

2. 保密制度

评审会开始前，评委将个人所有通信工具交予工作人员保管。评审结束后，不得将评审工作过程、评审会议内容和评委的发言情况向外透露，不得擅自将评审结果告知申报人及其他人员；不得将申报人员的材料带出指定的评审地点，更不得将申报人员的材料内容告知他人；学校基于保护评委的目的，对投票结果加密，也在投票结果宣布等方面作出调整，现场只宣布通过人员票数，以减轻各位评委的顾虑。

3. 多样性保证

（1）评议主体方面。以校内专家为主，"代表性成果评价制度"的同行专家评议可邀请校外专家参与。

（2）学缘结构方面。提倡学缘结构多样性，适当吸纳来自不同教育背景、学科流派的指导专家，强化专家相互学习与沟通反馈机制，多维度、多方位衡量候选者是否位于同领域、同年龄段学者前列。鼓励评议专家坚持一流学术标准，真正从学术水平、学术能力、创新价值、发展潜力和社会贡献等方面对候选者作出评价，鼓励将成果的科学价值、理论创新和技术突破最为评价的重点。

（3）年龄层次方面。处于职业生涯早期的青年教师和博士后往往思想活跃，对学科前沿追踪更为密切，在委员会组建的过程中需要适当考虑处于职业生涯早期的研究人员比例。

（4）性别方面。各委员会的组建应适当注意性别比例问题。

4. 专家评价反馈

学校对专家的评价意见严格保密，但同时也实行评价异常追踪机制，对于明显偏离学术公平公正的评价结果启动倒查程序。通过实行评价异常追踪机制，可有效判断评审专家的评价状态，有助于遴选更负责任、更专业的评审专家。

四、评 价 特 色

从2017年开始，武汉大学以深化评价机制改革为着力点，大力优化完善学院、学部、学校三级评审制度。三级评审制度是对以往"以院系为主导"评审制度的优化和改进，致力于解决原有制度设计可能带来的"视野局限"，避免因"固步自封""论资排辈"而制约"公平、开放、竞争"的学术环境的有效形成等问题。多年来，学校抢抓高等教育发展的机遇期，深入贯彻"人才是第一资源"的理念，在职称评审工作中，不断完善学校人力资源委员会制度和三级评审机制，进一步强化分类评价，创新多元评价和多维评价，评价环境得到较大改善，崇尚学术、追求卓越的学术生态正在形成。

（一）优化院系、学部、学校三级评审组织功能定位，建立以学部为主导、竞争择优的评价模式

自2017年开始，武汉大学彻底改变"院系主导"的评价方式，分人文、社科、理学、工学、信息、医学六大学部，成立学部人力资源专家组会，主导对职称评聘、人才评价等工作的评审把关，院系推荐的高级岗位人选必须进入学部答辩并差额评议，学校评审会再对正高岗位进行复核，形成以学部为主导，院系、学部、学校共同发挥效应的三级评审机制。三级评审机制能够切实发挥学部在人才培养、学术评价中的职能和优势，打破学科、院系内部封闭循环模式，强化了外部学术认同与学术竞争。

（二）深化以大评委制为核心的同行专家评议制度，营造风清气正、公平公正的评价环境

一是扩大评委规模。学部和学校评审会均实行大评委制，成员主要来自人力资源专家库，每次评审灵活、动态调整，尽可能避免人员固化而产生的不利因素。二是优化评委结构。将相关领域内学术严谨、作风

正派、学术水平高的专家学者及时更新入库，充分发挥优秀学者特别是德才兼备的年轻学者在学术治理中的重要作用。三是严格执行回避制度和保密制度。评委在评审会前将所有通信工具交予工作人员保管，集中学习评审纪律及相关要求，尽可能排除一切干扰；评审过程中任何评委不能对候选人有任何引导性评价，尽可能减少学缘、人情等因素对评审结果的影响；有违反保密制度或经举报查实违反评审准则的一律清理出人力资源专家库，从源头上确保评委的公正性。

（三）推行突出成果破格制度，建立更加注重创新能力、成果质量和贡献的评价标准

一是着力破除"五唯"。申报条件加强了对思政素质、师德师风、教学工作等条件的质量要求，取消了外语条件和海外研修经历等刚性约束，学历、资历、科研业绩条件等均可通过提交突出成果申报的方式予以突破，强化了实实在在的业绩导向。通过淡化职称条件和推荐指标，实施以代表性突出成果突破学历、资历等条件限制的举措，一批青年优秀人才以及在某一方面有突出成就的特色人才从激烈的学部竞争中脱颖而出。这其中有提前两年晋升的青年教师，他们有的专注于各自科学领域的基础研究，取得了同行高度认可的高水平研究成果；有的专职从事应用研究与推广，在解决"卡脖子"技术方面发挥了重要作用，取得了一系列国际国内授权发明专利；有的专职从事大型仪器设备管理与维护，管理的仪器使用效率国内领先，提供的实验数据精准、快速、专业，为高水平科研成果的产出作出了突出贡献。二是逐步淡化申报条件。将职称申报条件明确定义为基本门槛条件，引进人才更是不设任何量化指标和门槛条件，学部评审主要从学术水平、学术能力、创新价值和社会贡献四个维度评价其是否在同领域同年龄段学者前列。三是放宽院系推荐指标限制。院系自主确定高级岗位推荐指标数，特别优秀的候选人经独立专家举荐、评估后可不受指标限制直接推荐。通过制度的调整引导院系、教师将关注点从职称条件和指标上逐步转移到高水平、创新性成果产出上，专注于教学科研本身。

（四）严把学术标准和评审质量，完善更加注重学科差异性、科学合理的分类评价体系

一是坚持分类引导，科学设置评价周期。根据不同岗位类型和学科特点，按教学专长型、基础研究型、应用研究型分类制定评价导向；国防科技类、智库类等与国家需求密切相关且评价导向更为具体的领域实行单列指标，单独评审；马克思主义理论学科、网络安全学科、体育学科等学科差异性较大的学科实行单列指标评审。同时将成果统计时间由"任现职近五年"调整为"任现职以来"，鼓励持续研究和长期积累，遏制急功近利等短期行为。二是加强对教学类人才的特殊评价。指导学生获得一类赛事重要奖项的教师单列指标评审；获得青年教师讲课比赛重要奖项的教师可破格晋升；为突出立德树人，在独立于各学部之外为教学专长型岗位单列指标，单独评审，评审中重点评价教学实绩和育人成效，使专心教书育人的教师受尊重、能发展、有未来。三是设置学科差异性培训交流环节，强化专家相互学习与沟通反馈机制。在答辩前组织相关学科代表就学科特点、业绩成果的不同表现形式以及本学科内的评价侧重点等向评委专家进行介绍，并预留环节和时间让评委充分交流学科特点和评价的重点，在评审指标控制和尺度把握等方面达成基本共识，尽量减少学科差异带来的评审误差影响。

（五）强化宏观把控和细节设计，持续提升学部评审精准度

一是全面复查宏观运转情况。根据候选人情况的摸底和专家建议，结合模型测算确定学部评审会的投票指标，确保指标投放的科学性、有效性。二是设置学科差异性交流环节和候选人介绍环节。如上文所述，通过组织相关学科代表介绍学科特点、业绩成果等让评委专家充分掌握所评审领域的学科个性，并强化专家相互学习与沟通反馈机制，保证专家在充分讨论和交流后达成共识并进行评价，减少学科差异造成的评审误差，进一步提升评价精准性。三是设置正高25分钟、副高15分钟的汇报答辩环节，让评委对候选人的工作状态、业绩表现、成果创新价值意义以及发展潜力有更深入、全面的了解和把握，以提升评审共识度和准确性。四是严格执行"一次投票过 2/3 为有效"的投票规则。只有评委意见足够集中，结果认可度高的候选人才能通过，确保通过人选的质量和水平符合岗位任职要求。

（六）大力推动对评审数据的评估分析、合理运用，不断提升人才评价价值，有效发挥评价"指挥棒"作用

一是加强职称申报系统和业绩成果共享库的建设。不断精简申报材料填报，把教师从繁琐的表格材料填报中解脱出来。利用采集的大量数据有效分析教师发展状态，找准发展优势与不足，为高水平师资队伍建设提供数据支撑，引导队伍建设制度设计。二是通过系统的分级授权和痕迹管理功能实现针对评审特异点的倒查机制。为申诉或举报的核查提供支持的同时，可以分析评审结果，判断可能存在的问题和风险。为评审机制设计、评委选择等提供参考依据，极力营造风清气正的人才成长发展环境。

高等教育评价对我国高校发展的影响与启示

陈世银

高等教育评价是掌握高校发展状态，推动高校高质量发展的重要参考。随着我国"双一流"建设的深入推进，越来越多的中国高校进入世界一流行列，部分高校已经稳居国际前列，这从部分国际大学排行中得以充分体现。当前，大学评价仍然是人们关注的热门话题，因为这既关系到党和国家对于我国高等教育发展的期待，也关系到我国高校如何更好地实现内涵式发展。

一、我国高等教育评价现状

（一）国家层面组织的评估情况

我国高等学校评估工作起步较晚，1985 年，中央颁布《中共中央关于教育体制改革的决定》，首次提出高等教育评估工作。1990 年，国家颁布《普通高等教育评估暂行规定》，强调国家教育行政部门对高等教育评估的组织领导，这也是我国高等教育评估的重要特色之一。[①]此后，教育部在学科评估、教学评估、高校整体评估等方面不断探索，评估工作不断完善。

---

① 范唯 . 高等教育评估发展史［N］. 光明日报，2021-02-08.

1. 学科评估

1998 年，国务院学位委员会、教育部批准成立"学位与研究生教育发展中心"，挂靠清华大学。1999 年，该中心更名为"全国学位与研究生教育发展中心"。2003 年，该中心被批准成为教育部直属事业单位，名称调整为"教育部学位与研究生教育发展中心"。2002 年，该中心对全国具有博士或硕士学位授予权的一级学科首次开展整体水平评估。教育部学位与研究生教育发展中心所开展的学科评估工作，被公认为最全面、最权威的学科水平测评工作，也是我国高等教育领域高校学科实力对比、资源配置的重要依据。

2. 教学评估

2004 年，具有独立法人资格的行政事业单位"教育部高等教育教学评估中心"成立，负责实施高等学校教学评估，这是国家高度重视高校教学工作、狠抓教学质量，办人民满意的高等教育的一项重要举措。2022 年，该中心更名为"教育部教育质量评估中心"。该中心根据国家教育方针和政策，确立评估目标，建立指标体系，系统收集信息，开展定性、定量分析，重点评估高校办学方向、办学水平、办学条件、人才培养方案、教育质量等。评估工作每五年开展一次，已建立起较完善的评估制度。

3. "双一流" 绩效评价

2021 年，教育部、财政部、国家发展改革委联合印发《"双一流"建设成效评价办法（试行）》，对高校及其学科建设实现大学功能、内涵发展及特色发展成效的多元多维评价，力图"破五唯"，坚持需求导向、聚焦服务贡献。这是我国高等教育评价改革的重要探索。

（二）社会层面的高校评价情况

社会化评价机构所推出的高校排名，自 20 世纪 90 年代开始出现，并在 21 世纪初涌现较多排行机构。目前社会化高校排行榜存在着国内与国际排行并行、综合性排名和专项性排名并行的情况。

1. 国内与国际排行并行

在国内，影响力较大的四家排行主要为：一是中国管理科学研究院推出的"中国大学评价"，课题组组长为武书连，该排行自 1993 年开始每年发布。二是中国校友会网大学研究团队自 2003 年起开展推出的中国大学排行，该团队重点关注中国高校的人才培养、科学研究和社会服务主要职能，基于国家发展、国际影响和社会贡献来衡量中国高校发展情况，其中"校友成就"和"学术成就"是其重点评价指标。三是"金平果"中国大学排名，由中国科教评价网独家发布，2022 年已是"金平果"连续第 18 次发布中国大学及学科专业评价报告。四是软科发布的中国最好大学排名，于 2015 年首次发布，2020 年变更为中国大学排名，并对排名指标体系进行更新。

在国际上影响较大的四大排行主要有：一是软科世界大学学术排名，"世界大学学术排名（Academic Ranking of World Universities，简称 ARWU）"是其品牌性排名，于 2003 年首次发布，是全球具有影响力和权威性的大学排名之一。二是泰晤士高等教育世界大学排名，2004—2009 年，泰晤士高等教育与 QS 共同发布世界大学排名，自 2010 年起，双方各自发布独立的世界大学排名。三是 QS 世界大学排名，由英国国际教育市场咨询公司 Quacquarelli Symonds（简称 QS）发布，与著名学术出版集团爱思唯尔（ELSEVIER）合作推出。四是 U.S.News 世界大学排名，由《美国新闻与世界报道》（*U.S. News & World Report*）于 2014 年首次推出，根据大学的学术水平、教学声誉等指标得出全球大学排名。

2. 综合性排名和专项性排名并行

除大学综合排名外，很多排行机构推出了学科排名、声誉排名等专项排名。如，中国管理科学研究院、金平果、软科均推出了国内高校学科排名；软科、泰晤士高等教育、QS、U.S.News 四大世界学科排行机构均有世界大学学科排名；此外，泰晤士高等教育还发布高等教育世界大学声誉排名，QS推出有毕业生就业竞争力排名等。

此外，汤森路透公司（现为科睿唯安公司）于2001年推出的基本科学指标数据库（Essential Science Indicators，简称ESI），汇集和分析Web of Science核心合集所收录的学术文献及其所引用的参考文献，分为22个学科，衡量科学研究绩效、跟踪科学发展趋势，用以评价高校、学术机构、国家/地区国际学术水平及影响力。自然指数（Nature Index），是自然出版集团统计各高校、科研院所在其所出版的期刊上发表论文数量情况所生成的数据库，它于2014年11月首次推出，已成为衡量机构、国家和地区在自然科学领域的高质量研究产出与合作的重要指标。

二、高等教育评价对我国高校发展的影响

（一）国家层面的评估保证了我国高校办学方向与基本水准

一是确保社会主义办学方向。2021年4月，习近平总书记在清华大学考察时强调：我们要建设的世界一流大学是中国特色社会主义的一流大学，我国社会主义教育就是要培养德智体美劳全面发展的社会主义建设者和接班人。[①]我国办的是社会主义高等教育，这是我国高等教育最鲜明的特征。国家层面所开展的各类评估，首先考察的是高校的办学方向，同时考察高校的基本办学能力，这类评估具有基础性和关键性作用。其次，国家层面所开展的各类评估，数据全面、真实、系统，是最有参考和最具指导性的评估工作。这类评估始终是我国高等教育评估的核心和主体性工作。

二是引导高校落实立德树人的根本任务。党的十八大以来，以习近平同志为核心的党中央高度重视人才培养工作，坚持把立德树人作为教育的根本任务，强调"为谁培养人、培养什么人、怎样培养人"始终是

---

① 习近平在清华大学考察时强调：坚持中国特色一流大学建设目标方向 为服务国家富强民族复兴人民幸福贡献力量［N］.人民日报，2021-04-20.

教育的根本问题，努力为中华民族伟大复兴提供坚实的人才保障。国家每五年开展一次的教学评估工作，是对我国高校教学质量、教学水平的全面检阅，始终提醒高校加强对教学工作的重视，加大对教学工作的投入。除国家开展的教学评估外，学科评估、"双一流"绩效评价，均把人才培养作为重要的评价内容，且不断提高在评估中的比重，这彰显了党和国家对高校落实立德树人根本任务的期盼和要求。与社会化评估更偏重于科研评价相比，国家层面开展的高等教育评估，更有利于引导高校聚焦人才培养的目标。

三是引导高校完善学科布局，努力创建一流学科。一流的大学需要一流的学科作支撑，建成世界一流大学首先要建好若干个一流学科。我国所开展的学科评估工作，是全国高校学科实力的综合大比拼，也是高校之间最具竞争性的评估工作，直接展现了高校的办学实力和对学生的吸引力。截至目前，我国已开展了四轮学科评估，第五轮学科评估也已经起动，将系统化展现我国高校学科发展的总体情况，并为高校优化学科布局、争创世界一流学科提供指引。

四是引导高校积极争创世界一流大学。2016年，国家启动"双一流"建设，并随之开展了"双一流"绩效评估工作，对"双一流"建设高校进行动态监测与周期评价，充分体现动态调整、有进有出的"双一流"建设与管理思路。与教学评估、学科评估不同，"双一流"绩效评估是我国启动的首个高校综合实力的评估，在我国高校评估发展史上具有开创性意义。该评估建立了系统化的监测系统，让年度评价和周期评估工作更具科学性，从人才培养、科学研究、社会服务、文化传承创新、国际交流合作等方面，引导高校加快建设、突出建设质量，加快创建世界一流大学。

（二）社会化评价为我国高校发展提供了多维度比较视角

一是推动了我国高校间的竞争。与国家层面开展的官方评估相比，社会化评价呈现出多元化、鱼龙混杂等特点。由于数据来源不透明、个别高校排名位次短期内变化幅度大等问题,部分排行争议频出、饱受诟病。然而,在当前信息化社会中,社会化评价结果传播快并颇具影响,高校很难独善其身,不得不关注相关排行,并努力提升自身高校的实力与影响。从这个层面看,社会化评价无形中提升了高校发展的压力,加剧了高校间的竞争,一定程度上起到了推动高校发展的作用。

二是为我国高校创建世界一流大学提供了参照系。前文所提到的社会化大学排行,尤其是国际上关注度较高的四大世界大学排行,指标体系各有千秋,为我国高校创建世界一流大学提供了参照系。如泰晤士高等教育评价中的论文引用影响力指标、QS 排行中的学术同行评议指标、软科排行中的 SCIE 和 SSCI 收录的论文数量指标、U.S.News 排行中的前10% 论文数量等,为我国高校参与全球竞争、加快创建世界一流大学提供了很好的参照系。

三是为细分领域的高校竞争提供了视角。如 QS 的高校毕业生竞争力排名、ESI 排名、自然指数排名等专项排名,在提高人才培养质量、关注不同学科领域的学科发展质量、提升基础研究领域的质量与影响力方面,为我国高校提供了比较视角。随着我国高等教育的迅速发展,除大学整体世界排名逐步上升外,我国高校在 ESI 排名、自然指数排名等专项排名的位次也不断提升,这是我国从教育大国逐步走向教育强国的重要体现。

三、高等教育评价对我国高校发展的启示

（一）坚定方向，坚持扎根中国大地办大学

当前,面对中华民族伟大复兴战略全局和百年未有之大变局,我国高校要努力为党育人、为国育才,必须始终坚持社会主义办学方向,坚持扎根中国大地办大学。高校应全力配合好党和国家所开展的教学评估、学科评估和"双一流"绩效评估等评估工作,努力做到政治过硬、质量过硬,在建设高等教育强国,助力中华民族伟大复兴的伟大征程中贡献更大的

力量。

（二）坚定自信，进一步完善中国特色高等教育评价体系

国家层面所开展的评估工作，是具有中国特色的评估工作，也是推动我国高校发展的重要的基础性工作。当前，各类评价排行榜层出不穷，在学术评价方面，我国高等教育系统容易陷入西方主导的评价体系。因此，我国应进一步坚定自信，在现有评估体系基础上，进一步改进和完善，建立起一流的中国高等教育评价体系。一是进一步引导高校心怀国之大者，聚焦立德树人的根本任务，努力提高人才培养质量；二是努力破除"五唯"，突出以质量和贡献为核心的评价，让高校老师和科研人员潜心教学与科研；三是引导中国高校扎根中国大地办大学，在服务国家重大战略的关键领域有更大作为。

（三）保持定力，建设中国特色的世界一流大学

随着国家先后实施的"211工程""985工程""双一流"建设等重点工程，我国高校的综合实力与核心竞争力大幅提升，但距离真正的高等教育强国尚有一定的距离。因此，我国高校要始终保持定力，努力打造具有硬核实力的中国特色世界一流大学。一是克服干扰，始终保持清醒头脑。虽然在当前较多国际排行中，我国高校排名大幅上升，但我们应看到，我国高校原创性学术思想上产出很少、"卡脖子"核心技术方面很多尚未取得突破，仍需保持定力，苦练内功。二是加强内涵式建设，走中国特色高校发展之路。中国高校首先是中国的，然后是世界的，因此，我国高校首先应服务好和支撑好国家经济社会发展，植根中国大地，培养中国顶尖人才，研究中国问题，打造中国话语，讲好中国故事，为构建中国自主知识体系不懈努力，尽快打造出具有中国特色的世界一流大学。

高校交叉学科组织建设的四个维度

郭衍良

多学科交叉汇聚和渗透是重大科学发现和原始创新的基石，是孕育重大科技成果新突破的源泉。在学科交叉发展的不同阶段，国内外高水平研究型大学衍生出不同形式的支撑载体，包括学科交叉项目、交叉研究中心和研究院所、交叉学院等。[①] 自增设"交叉学科"作为第 14 个学科门类、设置"集成电路科学与工程"等交叉学科门类一级学科以来，学科交叉融合发展已成为共识。学界就高校交叉学科组织的内涵与类别、困境与出路、探索与实践、组织模式创新、专业建设、研究生培养体系或机制、心理认同度、学术影响力关系、资助绩效评价等进行了大量研究。本文尝试从以下四个维度对高校交叉学科组织建设进行思考。

一、交叉学科组织

（一）组织建制是学科发展的重要保障

学科的组织建制，既是学科内在知识和规范的外在形式和延伸，也是保障、促进学科内涵发展成熟的条件。一门学科拥有专门的组织，不仅意味着有专门提供持续支持的机构，有专门从事学科研究的团队，也

---

① 张耀方,韩海波.高校学科交叉科研项目组织的探索与启示[J].科技管理研究, 2020（16）：103-109.

意味着有专门的岗位、设备等资源提供发展保障。但可以看到，长期的学科分化使传统学科组织之间壁垒森严，加剧了知识裂隙、人员分化、文化隔阂，阻碍着学科之间的相互渗透、融合。

（二）学科交叉和交叉学科的逻辑关联

就内涵和形式而言，学科交叉和交叉学科存在很大不同，学科交叉是指已有不同学科之间的相互交流、相互合作，而交叉学科实际上是在学科交叉基础上构建一个新的、与现有学科不同的，不能为现有学科替代的研究问题、研究方法和知识体系。[①]但是，学科交叉现象和交叉学科的诞生又存在密切的逻辑关联。不与其他学科交叉而封闭发展的学科，必然走向消亡。只有不断延伸学科边界的开放性触角，不断与其他学科依存、交融、新生，逐步确立特定领域的独立性和不可替代性，才能带动发展形成新的交叉学科。

（三）促进学科新的持续交叉发展

狭义的交叉学科组织，是依托交叉学科门类下一级学科组建的组织形式。广义的交叉学科组织，是为了促进学科交叉融合或有利于学科交叉融合发展的支撑载体和组织形式。广义的交叉学科组织更类似促进学科交叉的组织，两者的区别并非讨论重点。为不囿于"一亩三分地"的学科领地意识，强调打破学科间僵化的边界，强化问题导向、目标导向，有别于设置随意、跟风炒作、建设不力乃至不当逐利的倾向，本文将符合知识演进逻辑、满足社会变革需要、高校主动适应的新型交叉组织形式称为"交叉学科组织"。

---

① 洪大用. 在学科交叉的基础上推进交叉学科健康发展［J］. 大学与学科，2022，3（1）：5-8.

二、立德树人是交叉学科组织的根本任务

（一）交叉学科组织优势在于知识创新

高校交叉学科组织承担了高校知识创新的使命，但与高校存在不少差异：交叉学科组织功能相对聚焦，知识创新是其明显优势；高校则身负多元化的使命，除了创新研究，还承担着人才培养、社会服务、文化传承等任务，其核心任务是立德树人。交叉学科组织学科结构围绕重大科研任务组织的，以问题为导向，灵活性强，能将最前沿研究纳入体系；而高校的学科结构具有系统性、综合性和相对稳定性等特征。交叉学科组织对团队和成员的评价是以研究成果为导向的单一维度评价，而高校对学院和教师的评价则是以人才培养为核心的多维度评价。

（二）交叉学科组织容易弱化育人功能

交叉学科的发展源于跨学科研究，交叉学科组织针对重大问题、以科研为导向，按照科研的逻辑运行和管理，其发展、壮大的动力和鲜明竞争优势也在于前沿复杂问题攻关。在这种前提下，高校在交叉学科组织的机制设计、资源配置和管理运行中，容易片面强调组织的科研功能和创新导向，弱化交叉学科组织的育人功能。

（三）将交叉学科组织创新优势转化为育人优势

立德树人是中国特色世界一流大学的根本任务，也是首要的政治使命。中国特色世界一流大学的根本特征就是在中国共产党的领导下，坚持"四个服务"，培养担当民族复兴大任的时代新人。高校交叉学科组织的设立和运行应坚持以拔尖创新人才培养为中心，发挥知识前沿、模式创新、机制灵活、需求明确的交叉优势，创新教学方式，将学科交叉融合思维融入课程设计和培养环节，将学科交叉融合成果转化为优质的育人资源，努力创造跨学科的育人环境和文化。要将立德树人融入交叉

学科组织价值体系，对组织结构、目标、运行机制、激励机制和价值观进行改造，强化团队成员引路人意识，明晰其立德树人职责；要大力弘扬新时代科学家精神，将立德树人价值观内化为教师和管理人员的信念和行动准则。

三、科教融合是交叉学科组织的鲜明特色

（一）科教融合是一流高校的核心特征

高校的科教融合，一般指在高校中促进科研与教学的融合，用一流师资、一流科研引领和培养一流学生。从教授学生科学知识和技能入手，使学生掌握科学的方法与能力，养成科学的习惯，形成科学的态度与精神。科教融合的本质就是在研究－育人的过程中进行知识的传授、创新、传播和传承，形成师生学术共同体以进行互动式学术探究，即师生互相促进、共同进取。

自约翰斯·霍普金斯大学成立世界首个研究生院以来，科教融合已成为一流高校的核心特征。科教融合在不同国家和科教机构有着多种内涵和组织形式，主要有四种：第一种是在高校内建立实验室，第二种是由高校托管国家实验室，第三种是科研机构与高校合作培养研究生，第四种是科研机构设立研究生院大学。这些模式各有其问题：比如容易出现科研教学两张皮现象，机构之间存在人才抢夺、经费竞争等问题，容易出现重用人轻育人的现象。[①]

（二）交叉学科组织具备科教融合的比较优势

交叉学科组织是新型的科教融合组织形式，先天上具备科教融合的优势。交叉学科组织大多具备一流的师资团队、引领学科前沿的研究方向、

---

① 刘继安，盛晓光.科教融合的动力机制、治理困境与突破路径——基于中国科学院大学案例的分析［J］.中国高教研究，2020（11）：26-30.

一流的设施设备条件和优先保障的条件资源。依托这些比较优势，能更好地培养面向未来的复合型创新型人才，更好地肩负高层次人才培养和创新创造的使命。科教融合使创新链与培养链有机衔接，在课堂中加入科研元素，强调调动学生自主性、能动性、创新性、研究性，训练学生判断力、想象力、创造力等综合能力，培养具有创新精神和创新能力的一流人才。同时，交叉学科组织瞄准国家和行业重大需求集成攻关的过程，也是科教融合的过程。学生参与项目攻关，既学习科学知识，也接受科研训练，锻炼其发现科学问题、运用系统的方法解决问题，从而得出有价值结论的能力。

（三）交叉学科组织能有效克服其他组织形式的问题

科教融合各类组织形式存在资源、信息不对称的问题，如科研院所、行业企业在生产经营或重大研究中，常常掌握最新型或最先进的技术、装备，易形成"新学科"或"新技术装备"聚集中心，但对高水平人才培养的介入和促进作用表现较弱；又如部分高校有着丰富的、完备的科教融合经验，在特定区域、产业形成"同质同类"聚集中心，缺少更为广泛的合作共享或科教融合辐射机制，进而形成割据式壁垒，以致阻碍科教融合的融入发展。

从交叉学科组织理论和实践来看，交叉学科组织多具备以问题为导向，跨学科、跨学校、跨界别、跨国度等特征。交叉学科组织的先天开放性科教融合体系，更容易克服相应问题，更有利于师生、社会组织、学校、政府等利益主体达成知识生产共存、共享、共生生态，共同打造开放的科研方式、开放的教育模式，引入最新科技成果，使高层次创新人才开放式流动，打造多中心协同发展、互相促进的科教融合协同育人机制。

四、社会驱动是交叉学科组织的重要动力

（一）社会发展是驱动高校持续发展的重要动力

社会是高校的栖身之所，包容求知的文化塑造气质，其宜居便利的环境为师生提供生活便利；政府机关为高校的国际交往护航，经济发达、高新科技、多产业交融发展等有利因素为高校发展提供了各类实践基地。

中国特色社会主义进入新时代，实现高质量发展面临一系列重大现实挑战，需要着力破解一系列重大现实难题。解决现实问题，满足现实需求，往往需要集成多学科的资源集体攻关，需要更多、更好的学科交叉融合协作，需要交叉学科组织强化问题导向，精准对接重大社会需求，组织推进联合攻关，增强学科服务支撑创新发展的能力。因此，社会发展是高校持续进步的重要驱动力。

（二）交叉学科组织需要融入社会发展

习近平总书记指出，"扎根中国大地办教育"，[①] "把论文写在祖国大地上，把科技成果应用在实现社会主义现代化的伟大事业中"。[②] 这就要求新型交叉学科组织建设紧紧围绕"四个服务"，与所在区域高度耦合，不断提升对社会发展的贡献度、支撑度和引领度，从而实现自身使命。交叉学科组织要为所在区域的经济社会发展提供文化思想引领，以智库形式服务政府决策、指导基层实践；要提升服务国家建设发展解决实际问题的能力和水平，提升驱动经济社会发展与行业创新的引领地位。

---

① 习近平.习近平谈治国理政（第三卷）［M］.北京：外文出版社，2020：328.
② 习近平.习近平谈治国理政（第四卷）［M］.北京：外文出版社，2022：539.

（三）交叉学科组织让社会驱动更高效

交叉学科组织"四跨一导向"[①]的独特特征，为与社会环境之间的文化互动、地缘互动、政府互动、经济互动等提供了更加高效的耦合机制。文化上，崇尚创新、背景多元；地缘上，直面区域行业需求，产业链向心聚合；政治上，全方位政策保障，回应地区主体功能定位；经济上，提供健全的应用实践场景，以及持续的资金投入。社会发展与办学定位互补、客观机遇与主观能动性互为因果的双向耦合，为交叉学科组织的发展提供了坚实的基础和良好的发展环境，成为一流学术组织发展道路上的压舱石和驱动力。

新时代一流的交叉学科组织应更加明确立德树人的根本任务，发挥科教融合的独特优势，紧密对接国家和地方需求，与区域高质量可持续发展深度融合，聚合产业链、供应链、创新链、要素链，创新、开放、特色发展，提升四个服务的贡献度和显示度。

五、中心模式是交叉学科组织建设的重要补充

（一）学科模式是交叉学科组织发展的基础

高校无论履行哪种职能，都要依托学科。不管学科如何交叉，不管多学科、跨学科甚至超学科如何发展，国内外的高校基本上是建立在学科之上，院系仍然是以学科为基础设置，即便是选择了中心模式[②]的发达国家地区高校也是如此。在建设世界一流大学的模式上，无论是政策指示，还是"双一流"遴选和实践，都表明我国主要"以一级学科为平台、以一流学科为基础"建设一流大学的思路。学科模式是交叉学科组织发

---

① 刘小强.论交叉学科组织建制的悖论和建设策略［J］.大学与学科，2021，2（11）：39-45.

② 刘小强.论世界一流大学建设的"学科模式"和"中心模式"——"双一流"首轮建设期满之际的反思［J］.中国高教研究，2020（10）：27-33.

展的基础，它根植于教育传统文化，既有现实依据和历史逻辑，也与高等教育管理模式、社会发展阶段有关。

（二）学科模式在立德树人上有明显比较优势

立德树人是中国特色世界一流大学的根本任务，也是首要的政治使命。我国独特的历史、文化和国情，决定了我国必须走自己的道路，站在"四个服务"的高度培养担当民族复兴大任的时代新人。中心模式主要体现了科研导向的价值追求，并不十分重视人才培养尤其是不重视本科教育，其教育最领先的部分则是与科研紧密联系的小规模、精英型研究生教育，而不是占高等教育规模主体的本科教育。

与中心模式相比，学科模式的最大优势体现在人才培养特别是本科人才培养上。本科教育不同于以学术研究为直接目的的研究生教育，需要为学生提供相对系统的学科教育，培养学生形成相对完整的知识体系和学科基础，因而需要完善的学科支撑。这些显然是学科模式优势能得到充分体现，而中心模式无法有效提供的。

（三）学科模式在创新研究上存在相对劣势

通过建设一流学科支撑一流大学的学科模式有其逻辑必然，但是依托单一或特定学科建设一流大学，可能与知识转型背景下知识生产的特点和要求相悖，不利于实现一流科研创新。学科模式容易割裂学科之间的联系和纽带，妨碍高校之间的联合和合作，在高校之间造成重复建设、资源损耗。同时，过于追求"学科"水平，容易忽略科研院所、企业、政府等无学科依托的非高校知识生产机构力量，也容易忽略在国际范围内的跨国跨校合作。

当前，科研创新水平不再只包括科研成果在学界的学术影响，还包括对经济社会发展的贡献和效益等社会影响。知识生产越来越从过去单一学科的学科理论探究转向跨学科的问题导向研究，问题导向的跨学科研究越来越成为知识生产的主要动力和方向。相较于中心模式，基于一校一学科的学科模式视野太小、范围太窄、校际力量分散、难以形成有国际竞争力的一流领军团队，在创新研究上存在相对劣势。

（四）中心模式是交叉学科组织建设的重要补充

学科模式和中心模式发源于不同的环境，体现了不同的价值追求，但是不同模式的优势和特点可以相互借鉴。当前，党中央、国务院高度重视推进学科交叉融合，一流高校纷纷开展学科交叉融合，先后成立各类交叉学科组织，但在如何科学化、规范化推进交叉学科及组织建设方面经验不足，制约学科交叉融合发展的制度性障碍仍然需要进一步破除，如师资队伍、组织设计、资源配置、绩效管理、评估评价方式等。

应在坚持学科模式的基础上，充分吸收中心模式的经验，以重大问题为导向，依托一流学科引领的学科群来组建交叉学科组织，强化其跨界开放包容的特点和优势。鼓励一流学科牵头，组建多学科、跨学科甚至是超学科团队；打破高校壁垒，鼓励校际联合，共建联盟类交叉学科组织；打破行业边界，加强与科研院所、企业和政府的跨界联合，构建跨界别融合的新型交叉学科组织；鼓励与国外顶尖高校或研究机构的实质性合作，引入国际专家学者，瞄准世界科技前沿，整合一流资源，以我为主建设一流交叉学科组织，形成以一流学科培养一流人才、以一流科学研究反哺一流教学、以一流科研创新支撑世界一流大学建设的新格局。

高校全面推进教育评价改革的实践路径研究

李天亮

2020 年，中共中央、国务院颁布《深化新时代教育评价改革总体方案》，吹响了进一步深化教育综合改革的号角，直面教育评价中的困难、问题和矛盾，聚焦"破五唯"，着力扭转教育的功利化、工具化等不良倾向，为新时代高等教育的发展指明了方向、路径和措施。在实践中，教育评价改革从中央的政策层面，如何落实为高校的有效方案、具体行动和有效措施，如何体现在高校办学、教师教学、学生学习、单位用人中，如何进一步激发教育领域各主体的动力、活力与合力，也需要因校制宜、系统设计、综合施策，不能上下一般粗，要不断提高教育评价的系统性、精准性和有效性，以达到更加实用、适用和好用的目的。

一、正本清源，强化三个导向

教育评价既包括教育质量监测等事实评估，也包括教育效果评价等价值判断，还包括教育发展引领等重要功能，事关教育的前进方向、发展方略和具体路径。在全面推进教育评价改革中，必须正本清源，回归教育的本质，聚焦教育的使命，强化目标导向、问题导向和效果导向，确保教育评价方向正确、方略准确。

（一）聚焦教育使命，强化目标导向

高等学校的使命是全面贯彻党的教育方针，为党育人、为国育才，

根本任务是立德树人。教育评价改革的目标就是改进并用好评价这根指挥棒，更好地发挥教育的功能、实现教育的使命。一是要将立德树人确立为新时代教育评价的根本标准，引导教育回归到教育的本质。二是要把立德树人从抽象的理念转化为制度性架构、政策性安排和实践性举措。三是要把立德树人从笼统的职责性要求落实为具体的工作清单、工作流程和工作标准。

（二）聚焦破"五唯"，强化问题导向

"五唯"有一定的历史合理性，对教育也发挥了一定的作用。但在新时代，"五唯"的正面作用日减，负面作用日增，甚至引发了越来越多的问题。一是要把"唯一"变成"之一"，要将定性与定量相结合，降低论文、帽子、职称、奖项、学历在教育评价中的地位和权重。二是要把"限制性条件"变成"参考性因素"，淡化论文、帽子、职称、奖项、学历在教育评价中的前置性、限制性、条件性作用和影响。三是要把"结果性评价"与"过程性评价"结合起来，减少论文、帽子、职称、奖项、学历在教育评价中的简单、短视、功利等不良倾向。

（三）着眼整体发力，强化效果导向

教育评价是一项复杂的系统工程，涉及的主体多、领域宽、内容广，包括的类别多、环节多、指标多。既需要顶层设计，还需要整体发力、同向发力，不断提高教育评价改革的时度效。一是要实现教育评价主流、干流和支流的有机统一，确保教育评价的主要方面、次要方面的有机结合。二是要实现教育评价的上游、中游、下游的贯通一体，确保教育评价的总体目标与具体指标相一致，达到如臂使指的效果。三是要实现教育评价左岸、右岸、流域的和谐共生，确保政府的管理职责与学校的办学职责、教师的教育职责、学生的学习职责相辅相成、相得益彰。

二、提纲挈领，健全三个机制

教育评价改革牵一发而动全身，既需要正确的理念目标进行统合，也需要有效的机制进行绾合。好的机制，可以降低成本、提高效率，实现事半功倍的良好效果；差的机制，往往提高成本、降低效率，常常是事倍功半难有成效。全面推进教育评价改革，必须在机制上发力用功，用良好的机制来凝聚共识、夯实责任、壮大合力、激发默契。

（一）将认识转化为行动，健全责任机制

教育评价改革涉及党委和政府、学校、教师、学生、社会五类主体，在高校内部涉及职能部门、院系等不同的单位，这就需要建立健全分工明确、各负其责的责任体系，确保明责、履责、追责的严丝合缝。一是明确细化党委和政府对教育评价改革的领导责任，履行好把方向、管大局、作决策、保落实的职责，真正做到法无授权不可为、法定职责必须为。二是明确细化学校内部对教育评价改革的责任分工，进一步细化权责清单，推动二级单位有效规范权力、履行职责，厘清学校不同层级、不同领域工作间的边界和关系。三是明确细化教师、学生、社会在教育评价改革中的具体责任，进一步优化教师的教育教学实践，进一步优化学生的学习创新，进一步优化社会的用人导向。

（二）将共识转化为合力，健全协同机制

教育评价改革涉及招生、考试等一系列事情，既要承前启后、承上启下，还要联左系右、协调内外，更要在分工负责基础上的协同联动，方能实现浑然一体的系统性效果。一是从宏观角度健全党委政府、学校、社会间的协同机制，健全党委和政府定期研究教育工作机制、教育评价改革会商机制、依法问责追责机制。二是从中观层面健全校内不同单位的协同机制，健全部门常态协作与分工负责机制，建立主力军、主渠道和主阵地之间的联系工作机制。三是从微观层面健全教育评价事项的协

同机制，在学生素质综合评价、成果评价等事项中，健全分类评价、分层评价、分段评价的协同机制。

（三）将标准转化为杠杆，健全激励机制

标准是目标和指标的中间环节。教育评价改革也是教育评价标准的重构和优化，以更科学、更多元、更有效的标准体系取代原有以"五唯"为代表的标准体系。一是要以立德树人成效作为检验学校一切工作的根本标准，充分发挥教育评价的指挥棒作用，激励凝聚三全育人的强大合力。二是要以实际贡献作为成果评价的第一标准，激励引导教师队伍面向世界科技前沿、面向经济主战场、面向国家重大需求、面向人民生命健康。三是要以分层分类作为综合评价的主要标准，从选拔性评价转化为发展性评价，让评价标准更加因地制宜、灵活有效，提高评价结果的可信度和说服力，也让评价对象从评价中得到激励和引导。

三、激浊扬清，发挥三种功能

评价既是目标达成的过程，也是标准衡量的过程，更是实现功能、达成预期的过程。全面推进教育评价改革既需要同时发力、同向发力、综合发力，让评价导向、评价机制、评价标准更加集成系统，彰显更强的导向、发挥更大的作用、具备更强的功能，让师生员工在全面推进教育评价改革的过程中充分体会到前进的方向感、价值的激励感。

（一）提高政策集成度，充分发挥发展引领功能

《深化新时代教育评价改革总体方案》为新时代的教育评价改革给出了任务书、路线图，随之而来的政策落实到学校，就需要做好相应的配套工作。一是要吃透政策精神，高校要加强对教育评价改革的系统学习、跟踪式研究，对相应的政策做到了然于胸，知其然也知其所以然，把握政策精髓和要义，避免在执行中走偏跑调。二是要做好政策配套。高校要善于把公共的教育评价改革政策转化为符合本校实际的工作方案、

工作举措，不能简单照搬或削足适履。三是要举一反三。教育评价改革政策并不能解决所有问题，这就需要高校尤其是双一流建设高校在实践中注重探索创新，让教育评价在实践中得到进一步的深化、优化。

（二）提高标准集成度，充分发挥效果评价功能

评价离不开标准，标准之间不能相互矛盾、产生摩擦，混乱无章的标准容易让人无所适从。教育评价的对象是人不是物，需要量化但又不能完全量化，需要比较但又不能只靠比较。一是要让标准面面俱到，既有结果性标准也有过程性标准，既有定性标准也有定量标准，既有规范性标准也有增值性标准，既有激励性标准也有禁止性标准，要实现这些不同标准的相辅相成。二是要让标准提纲挈领。教育评价的标准要紧扣立德树人的根本任务、紧扣实际贡献的主轴、分类分层评价的原则，不能让评价标准流于细碎繁琐。三是要让标准简洁便捷。要通过信息系统、流程再造、程序优化等方式，让评价的节奏更明快，让标准的执行更便捷，避免将大量的人力物力陷入评价。

（三）提高信息集成度，充分发挥质量监测功能

信息化时代的教育评价改革需要与时俱进，尤其需要插上信息化的翅膀，研发使用好数据采集、挖掘、呈现、反馈、储存与保障等新技术，为教育评价提质增效。一是要注重"信息对称"，通过全方位、全过程地采集人才培养过程中的数据，系统掌握学生的总体状况、阶段性特征，关注学情分析，视情况给出实时、动态的评价反馈。二是要注重"信息集成"，通过信息化的管理系统，让不同类别、不同阶段、不同维度、不同量度的信息可视化呈现，对办学质量、教育质量、学习质量有更加全景式、系统化的呈现和掌握。三是要注重"信息分析"，要建好用活一支教育评价信息化工作队伍，对相关信息进行结构性梳理、趋势性分析、专题性研究、问题式诊断。

关于构建高校国际化发展评估体系的思考

——以武汉大学国际化建设为例

李晓述　严予伶

建设世界一流大学和一流学科是党中央、国务院作出的重大战略决策，是新时代高等教育强国建设的引领性和标志性工程，对于提高高等教育综合实力，支撑创新驱动发展战略，服务经济社会高质量发展具有重大意义。随着国际化人才需求愈发旺盛，高校逐渐成为培养国际化人才的重要阵地，高等教育演变为全球化进程中的一支重要力量。当前，国内高校响应国家"人才强国"的号召，积极履行"第五职能"，在国际化教育模式和教学方式工作上卓有成效。高校国际化绩效考核与评估研究不仅是对当前高校国际化成果的综合考量，更是推动"双一流"建设的重要工具。因此，本文结合武汉大学国际化建设的实际情况，在兼顾国内外相关领域建设经验的基础上，着力构建一套具有实际应用价值的、能够充分体现学科特色和学科发展的评估指标体系。

一、国内外高校国际化绩效评价发展历程

自20世纪80年代以来，国际化逐渐成为国家高等教育政策中的重要一环，高等教育国际化已经成为评价一国高等教育质量和对外文化影响力的重要途径，国际化动因与目标已成为高等教育发展的重要因素。发达国家及地区对于高校国际化绩效评价的体系建设起步较早，参与建设评价的主体较为丰富，也由此取得了颇丰的成果成绩，其体系要点可

以为我国高校的国际化评估指标体系提供重要参考。

国际上较为常见的国际化评价指标包括以下四类：一是由经济合作与发展组织（OECD）主导的国际化质量评估程序（Internationalization Quality Revier Process，IQRP）；二是由美国教育理事会提出的"全面国际化模型"指标体系；三是由日本学术振兴会和日本科学技术国际交流中心共同建立的"大学国际化战略本部强化事业评审指标体系"；四是由澳大利亚质量与标准署（AUQA/TEQSA）提出的 AUQA/TEQSA"国际化审核"指标体系。对比发现，国际化政策与战略、组织体制、人才培养、教师、科研、支撑条件七项为国外大学国际化评估较为通用的核心指标。

自我国高等教育国际化战略发展以来，国内学者对高等教育国际化指标制定进行了研究与探讨。就组织者层次而言，主要有以下四类：一是由中央机关主导制定，如教育部国际司牵头设置的《中国国际教育交流协会中国大学国际化调研指标评估体系》；二是由教育领域社会组织联合高校开展制定，如《中国国际教育交流协会上海交大高等研究院中国重点高校国际化评估指标》；三是由省级政府主导制定，如《广东省高等教育国际化评价指标体系（试行）》《云南省高校国际化评估体系》；四是由高校制定，如西南交通大学在对国内大学国际化水平排名工作中逐渐成形的《西南交通大学国际化评估指标》。

二、武汉大学国际化建设的现状

根据《统筹推进世界一流大学和一流学科建设总体方案》和《关于做好新时期教育对外开开放工作的若干意见》等文件精神，围绕《武汉大学教育事业发展"十四五"规划》，该校在稳定并深化既有交流合作关系的基础上，对各学院及行政职能部门展开国际化建设量化考核，并广泛搭建学生国际交流平台、逐步完善学校国际化工作的管理体制和运行机制，大力推进国际交流合作。

（一）完善顶层制度设计

《武汉大学教育事业发展"十四五"规划》提出：武汉大学将围绕建设世界一流大学目标，坚持内涵引领和协同创新的发展模式，系统谋划学校国际化发展的整体布局，不断丰富和完善国际合作网络，大力提升国际化办学水平，培养学生国际胜任力，提升学者国际竞争力，扩大学术国际影响力，增强学校国际吸引力。[①]2021年，武汉大学成立教育对外开放领导小组，强化学校党委对教育对外开放工作的指导；建立起各部门分工协作、共同推进高校国际化建设的工作机制，着力构建全链条、全过程育人体系；修订出台《武汉大学学生出国（境）交流学习管理办法》《武汉大学国际组织人才培养手册》等。2022年，该校重点开展国际化示范学院建设前期工程"学院国际化发展重点专项支持计划"，共接收校内24家单位60项申报项目，立项42项，为推动不同学院的国际化特色发展打下了坚实的基础。

（二）发挥基础学科优势

武汉大学学科门类齐全，综合性强，为培养需要具备综合素质的国际化人才提供了天然的摇篮。近十年来，该校孕育出一系列高水平实质性成果：经济管理学院顺利获得 AMBA、EQUIS 和 AACSB 三大主流商科教育国际认证，成为国内少有的集齐三大认证的学院之一；水利水电学院成功申报联合国教科文组织"水—粮食—环境关系"教席；依托弘毅学堂试点开设"全球治理与国际组织人才试验班"，推行"专业＋双外语＋国际组织实习实训"的国际组织后备人才培养模式，正式开启学校国际组织人才系统化、规模化培养的新征程。

不仅如此，武汉大学国际法研究所作为中国高校第一个国际法研究机构，将国际法学理论与改革开放、国家发展方向紧密结合，在国家高

---

① 武汉大学发展规划与学科建设办公室.武汉大学教育事业发展"十四五"规划［EB/OL］.［2020-01-05］.http://info.whu.edu.cn/info/1509/22475.htm.

端智库的建设中取得了丰硕成果。2022 年 7 月，依托"武汉大学复合型国际人才培养基地建设"项目，结合该校地信遥感、国际法专业的科研和人才培养优势，武汉大学将通过集中授课的形式开展"地球空间信息科学—国际法学国际组织后备人才"培训，^①为"一带一路"倡议培养具备遥感、国际法跨学科知识背景的专业技术人才，为构建人类命运共同体培育青年后备力量。

（三）积极拓展人才培养模式

早在 2016 年，武汉大学国际化程度已有了明显的进展：学生出国（境）交流数量达到 2982 人，获得"本科生出国（境）交流奖学金"的学生达 429 人，聘请外籍专家人数多达 589 人。截至 2020 年，武汉大学各二级单位国际化建设参与度不断提升，参与申报国际化建设绩效考核的单位由 48 个增加到 56 个。在中外合作以及国际学术资源交流方面，举办 2 个中外合作办学项目、51 个国际联合培养项目、6 个国家公派出国留学项目、211 个校际交流与寒暑假出国交流项目。

近年来，在新冠疫情的背景下，该校积极作为，引进或开设哈佛大学等世界知名高校的 79 门线上课程，吸引 335 名本科生参加世界一流大学线上国际课程项目。资助赴国（境）外交流学习本科生 276 名，累计资助金额 542 万元，并首次设立"本科生暑期世界一流大学线上国际课程补贴"，为 234 名本科生提供课程学费补贴，共计 99.8 万元。^②

---

① 武汉大学国际法研究所："地球空间信息科学－国际法学国际组织后备人才"培训班招生公告［EB/OL］.［2022-07-05］.https://mp.weixin.qq.com/s?__biz=MzIzODA4NjU3MQ==&mid=2651516421&idx=1&sn=47f94570bce06c0209e0ff6fb9e1936b&chksm=f2c0fec1c5b777d75b85ff4896123fe36aacef2a1f9405aa741839c29d0807910db4a9e287de&scene=27.

② 武汉大学招生宣传在线：武汉大学国际交流与合作概况［EB/OL］.［2022-06-07］.http://openday.whu.edu.cn/zjwd/guojijiaoliubu/2015-06-09/1567.html.

三、"双一流"背景下高校国际化绩效考核评估指标体系构建——以武汉大学为例

通过对比国内外对高校国际化绩效的评估指标体系，结合武汉大学当前国际化建设的现状和成就，本文初步拟定了以武汉大学为例的"双一流"背景下高校国际化绩效考核评估指标体系，包括教师队伍国际化、课程建设国际化、人才培养国际化、科学研究国际化、院系专业国际化5项一级指标。希冀在综合性院校学科差异背景下，针对武汉大学不同学部、学科了解其评价体系的实际应用，为构建具有灵活性和实操性的国际化指标体系奠定基础。

（一）院系专业国际化评估指标设置

武汉大学 2017 年度国际化建设调查中产生了领先的单位和落后的单位得分差别较大，不同学科、不同学部之间的国际化水平参差不齐的问题。尽管各二级学院在学校的战略方针下统一开始部署国际化建设，但其科研实力、国际化声誉成就方面仍旧存在较大差异。由此可以看出，二级学院是否有国际化发展的专家建设团队、支撑建设的专项经费，以及基本的院系考核指标内容，是评估院系专业国际化的重要内容。

（二）教师队伍国际化评估指标设置

教师队伍作为国际化教育改革与发展的重要力量，其人才结构也是衡量高校国际化水平的关键因素之一。教师团队在授课方式上需要顺应国际化的要求与标准，在院系国际化发展策略的行政层面上参与一定的规划工作。外籍专任教师和有海外经历的专任教师对提升国际化视野和技能水平具有重要意义。不仅如此，是否具有对外交流和互访学习情况经历也是衡量教师队伍国际化的一项重要指标。因此，在该一级指标下将从如下方面设置观测点：专任教师中教师的国籍、所获海外学位的比例、专家教师访问交流的情况。

（三）人才培养国际化评估指标设置

人才培养作为高校国际化建设的根本要义，是高校国际化绩效考核的重要组成部分。在该部分中，学生的来源和组成无疑是国际化考察的直观指标，根据 2016 年 4 月，中共中央办公厅、国务院办公厅印发的《关于做好新时期教育对外开放工作的若干意见》，来华学生生源国别、专业布局被明确写入提高留学教育质量的发力点中。此外，学生出境交换、深造的人数也体现着高校培养国际化人才的质量效能。因此，本文拟在该主题下的派出学生出境人数和招收留学生情况拟定观测点。

（四）课程建设国际化评估指标设置

"双一流"背景下高校所设置的课程是国际化建设的投影之一，其更为关注英语、法语等国际语言的使用、国际教材等显性国际化元素课程的数量。当前，科技创新技术应用至高校国际化建设中也成为势在必行的选择。高校国际化课程结构设置、开设课程方式以及课程体系建立对于国际化人才培养起到了至关重要的作用，由此有必要在外语类课程开设门数、与国外高校合作办学及课程共建等方面设置评价指标。

（五）科学研究国际化评估指标设置

《关于做好新时期教育对外开放工作的若干意见》中有如下要求："通过引进世界一流大学和特色学科，开展高水平人才联合培养和科学联合攻关，加强国际前沿和薄弱学科建设……通过支持高等学校参与国际重大科学计划和科学工程，建设一批高水平国际合作联合实验室、国际联合研究中心。"[1]打造特色学科领域建设，加强突出机构平台建设，是综合性大学参与国际化建设的重要一环，因此本文拟在国际论文及著作、

---

① 中华人民共和国教育部．中办国办印发《关于做好新时期教育对外开放工作的若干意见》坚持扩大开放 做强中国教育［EB/OL］．［2016-04-30］.http://www.moe.gov.cn/jyb_xwfb/s6052/moe_838/201605/t20160503_241658.html.

国际合作项目、国际奖励和荣誉等方面设定观测指标。

"双一流"背景下武汉大学国际化绩效考核评估指标体系表

一级指标	二 级 指 标	观 测 点
院系专业国际化评估	国际化发展的战略建设	明确的国际化发展战略
		专门的经费列支
		专门的人才团队
		国际化声誉及社会效益
	国际化发展的经费支持	用于国际化人才培养
		用于国际化课程设置
		用于教师对外交流
		用于科研国际化投入
	国际化发展的基础设施	外文网站建设情况
		后勤服务国际化
		外籍学生管理系统
教师队伍国际化评估	专任教师中外籍教师占比	
	专任教师中获得海外学位占比	
	本土教师国际交流情况	
	外籍教师到访两周以上交流情况	
	国际专家短期来访情况	
人才培养国际化	派出学生出境人数	参与国际交流与项目
		参与国际会议与竞赛
		参与国际实习与就业
	招收留学生情况	外籍学生占比
		外籍学生国籍占比
		外籍学生学历层次构成

续表

一级指标	二级指标	观测点
课程建设国际化	外语类课程开设门数（语言类）	
	使用全外语授课的课程门数（不含外语类课程）	
	与国外高校合作开展的线上课程门数	
	和国外大学进行学分互换的课程数占比	
	和国外大学共建双学位研究生项目占比	
科学研究国际化评估	国际论文及著作（SSCI、SCI、CPCI 等，以及其中的中外合著情况）	
	国际会议（包含在境外参加的国际会议，以及在境内举办的国际会议）	
	国际合作项目	
	国际奖励和荣誉	
	数字资源及纸质藏本建设	

四、"双一流"高校国际化建设过程的问题及对策建议

当前，武汉大学国际化发展距世界一流大学的必然要求还存在一定距离，高水平国际合作广度和深度、学生国际胜任力、教师的国际学术影响力与世界一流大学还存在明显差距，亟待对现有国际合作资源进行深入挖掘。各学院学科之间的国际化程度差距较大，2017 年度国际化建设总分排名第一的院系（实验室）的学院为 625.2 分，而排名最后学院仅 24.9 分。现以武汉大学为例，结合现有问题及目前拟定的高校国际化绩效评价体系，在实践层面对于"双一流"高校国际化建设进程中的问题进行一定梳理，以期给出对应的解决方案。

（一）国际化建设的机制平台有待拓展

校内科研机构国际化建设目的不够明确，缺乏国际化发展战略框架设计和准确定位及标志性的国际合作旗舰项目。各院系、实验室及科研机构之间尚未形成多学科多机构融合协同发展的局面，外部企业在走出去方面也未形成协同推进产学研集结合的良性机制，导致科学研究与人才培养相脱离的问题。尽管武汉大学陆续发布了《外籍教师来华服务手册》《国际组织人才培养服务手册》等服务指南，为师生提供政策指导和办事流程查阅，但外籍人才引进程序复杂，难以做到灵活高效处理。

基于此，需要将"双一流"中科研机构国际化的责任及任务以任务书或合同形式落实到机构和负责人，并定期对人才引进数量进行监督。武汉大学针对目前其科研机构国际交流零散、盲目的现象，通过建立"国际交流部－人文与社科院""国际交流部－科学发展研究院"跨部门项目合作机制，通过部（院）领导分别牵头，充分整合武汉大学科研机构现有资源及优势，从政策、资金、服务等上给予特殊照顾和支持。积极打造并推动"武汉大学－芝加哥大学社会地理计算联合研究中心""中法非三方合作"等国际平台，逐渐形成武汉大学具有代表性的国际合作期间项目，为产出高水平国际合作项目、国际交流科研成果提供了空间。

（二）国际化建设的知识人才有待更新

目前科研单位下的人才结构在国际交流的语言能力、交往能力以及学术资源获取上还存在差距，难以有效对接国外合作伙伴。尽管武汉大学在国家高端外国专家计划专项经费年度获批金额逐年上升，每年在校工作或者来校交流访问的外籍专家、学者人数增长近 2 倍，但该校外文刊物缺乏高质量稿源和可持续经费收入，外文刊物难以获得国际通用数据库的收录和检索，导致其长期发展存在困难甚至有停办风险。[①]

---

① 武汉大学国际交流部：【喜迎二十大、奋进新时代】——十年砥砺跨山海 奋楫前行征五洲［EB/OL］.［2022-06-30］.http://oir.whu.edu.cn/info/1009/8001.htm.

针对以上现象,武汉大学采取了如下举措:建立固定的国际交流基地,给科研人员及学生提供更多接触国际前沿科学研究和知名学者的机会;着眼于建设国家"高端智库"和培养国际化高端人才的需要,培养宽口径、高素质,具备全球胜任力的国际组织后备人才;加大经费资金的投入,对于该校外文刊物的出版和编研给予人力物力和财力的支持,提供长期可持续资助的政策方案,促进人才和科研成果的良性发展。

(三)国际化建设的激励机制有待完善

投入国际交流建设中需要耗费大量的人力、物力、财力,若缺乏针对科研人员国际交流业绩的考核和奖励制度、对应的成绩尚未被纳入职称评价体系,将极大地影响科研人员对外交流合作的积极性。教师团队在涉外事务、对外交流办理方面通常需要经过多重审批,由此带来了各类行政性困难。

鉴于此,需要建立科学合理的考核和激励制度,在充分考虑到学科差异性的前提下,加快出台《武汉大学科研机构国际化建设绩效考核指标体系》。完善对科研人员个人的激励和奖励机制,通过协调人事部将国际交流工作业绩纳入职称评定及各类人才评选指标等方式,全面激发科研人员参与国际化建设的积极性。设立国际化建设示范学院项目、"一带一路"国际交流合作专项项目、中外合作办学项目支持项目,加大对国际交流合作项目以及国际交流合作突出的科研机构和个人的支持力度。扩大中外联合科研平台种子基金计划、国际学术合作培育计划等项目资助范围和资助额度。同时,通过不定期开展"国际合作午餐会"等形式,及时了解一线科研人员的困难,积极培育国际合作优质项目,进一步激发科研人员参与国际化合作的积极性。

新时代探索教育增值评价的工作思考

李园园

教育评价是指在一定教育价值观的指导下,根据既定的教育目标,运用一定的技术和方法,对所实施的各种教育活动、教育过程和教育结果进行科学判定的过程。[①]教育评价本质上是一种价值判断,受到评价目的、评价标准及评价对象的深刻影响。

近年来,党中央从党和国家事业发展全局的高度,提出全面贯彻党的教育方针,坚持优先发展教育事业,坚持为党育人、为国育才,努力办好人民满意的教育;多次出台文件,探索、建立和完善分类多元、科学有效的教育评价体系,加速破除"五唯"顽瘴痼疾,不断推进教育评价改革。2020年10月,中共中央、国务院印发了《深化新时代教育评价改革总体方案》,这是新中国第一个关于教育评价系统性改革的文件,也是指导深化新时代教育评价改革的纲领性文件。该方案明确了教育评价改革的总要求,强调"坚持科学有效,改进结果评价,强化过程评价,探索增值评价,健全综合评价,充分利用信息技术,提高教育评价的科学性、专业性、客观性"。这充分说明,增值评价在评价方式改革中具有重要地位。

可以说,增值评价是目前国际上最为前沿的教育评价方式之一,它不以学生的考试成绩作为评价学校、教师和学生的唯一标准,而是在尊

---

① 全国十二所重点师范大学联合编写.教育学基础[M].北京:教育科学出版社,2013:1-10.

重个体差异的基础上，关注个体自身纵向比较，从而引导学校发挥优势，促进多元特色发展。增值评价为新时代我国的教育评价改革提供了一种新思路。

一、教育增值评价的内涵特点

"增值"原本是经济学上的一个概念，通常指的是相对价格的提升。比如，相对于某种商品而言，若其他商品没有相应的价值增加，那说明该商品增值；但若其他商品也有相应的价值增加，那就不能说该商品增值了。增值评价是以现代教育评价创始人拉尔夫·W.泰勒的思想理论为基础的。1985年，泰勒等人通过研究学生在大学期间学习结果、学习过程等的变化情况，将学生与自己原有水平之间的增量作为推进学校教学质量提升改善的依据，率先提出了增值评价概念，肯定了增值评价的科学性。

在狭义维度上，教育增值是指学生自身学业成绩的增长幅度；在广义维度上，教育增值包括学生在学业水平、情感交流、社会实践、综合素质等方面全面发展、进步的程度，也即德智体美劳五育并举的实际成效。从增值评价的内涵上来看，它至少具有以下特点。

一是充分尊重个体差异。对学校来说，学科实力、教育投入、教育目标等差距悬殊，相应提供的学习环境也有不同，比如仅从"双一流"建设经费这一项看，各个高校之间就存在数量级的差距；对教师来说，学科背景、学习经历、教学水平等不尽相同，教师可调配使用的资源千差万别；对学生来说，专业背景、家庭环境、学习能力等则严重不均，最常见的就是城乡学生之间的差距，有些城市学生早早接触各类培训班，农村学生却始终只停留在仅有的课本学习上。增值评价充分考虑了以上差异，尊重学校、学生的个性发展，不以统一的评价标准衡量相关指标，而是用平等的眼光和态度审视教育成效。

二是重点聚焦自身成长。正是由于学校、教师、学生均存在以上不容忽视的事实上的差异，不论是主观投入还是客观环境，不可避免的起点差异将导致横向比较的局限性和不公平的问题。因此，增值评价聚焦的是学生自身的发展，考量的是每一位学生在原有基础上得到成长，从而摆脱中国学生从小就有的对比"别人家孩子"的阴影，充分释放自身的发展潜力。

三是常态关注教育过程。正如教育家布鲁姆所说，衡量学校好坏的唯一标准是学生在原有基础上进步的幅度。增值评价以学校教育活动对学生预期发展的增值为教育评价标准，用来评判教师、学校对学生成长的积极影响，是一种动态性、发展性的学校评价和教师评价。它不只是关注最终的教育结果，更加关注起点和过程，使评价的目的不仅仅是甄别和选拔，而是通过测定学生的进步情况，改进学校和教师的教育教学。

二、探索教育增值评价的现实意义

新时代教育评价改革是一项重大而复杂的系统工程，当前，教育增值评价尚处于探索阶段，但增值评价以自我为参照系，通过描述学生取得进步的程度，评价教育教学效果效能的理念，对增强学校和学生的信心，发展特色和个性，推进教育公平等方面具有重要的现实意义。

（一）推进教育公平和均衡发展

教育是民族振兴的基石，教育公平是社会公平的重要基础，而社会公平是社会稳定的基础。教育的不公平是人生起点的不公平，是最大的社会不公平。促进教育公平，基础是解决好发展不平衡不充分问题，关键是公平合理地配置教育资源尤其是优质资源，教育评价亦是如此。

由于各种原因，各个学校在教育教学软硬件方面存在巨大差距，生源质量、教育投入等显性因素客观上直接影响着教育的最终结果。因此，在同一维度上来评判学校教育的成功与否、学生成才的优劣胜负，在公平层面上就失去了对比意义。而增值评价可以在一定程度上分离影响学生发展的外在因素，单纯通过比较学生在一段时间内的学习进步幅度来衡量不同学校和教师之间的教育成效，可以缓解生源差异导致的评价不公问题，有利于促进薄弱学校的转变和发展，同时也可以防止重点学校倚仗生源优势而坐享其成，而是增强"弱势"学校、教师、学生的自信心，肯定他们的付出。因为一个学校或学生的学业成绩"增值分"越高，说明学校为改善教学质量、学生为提升自我成长而作的努力越多，越能真实地反映学校和学生的相对进步及其努力程度。在此理念下的比较才是相对公平和有意义的。

（二）发挥教育评价的导向性功能

教育评价事关教育发展方向，有什么样的评价指挥棒，就有什么样的办学导向。教育评价的实质是对办学方向和目标达成度的一种判断、检验和测量，它对教育活动将不可避免地产生很强的导向作用。因为在教育评价中，对任何被评对象所作的价值判断，都是建立在一定的评价目标、评价标准、指标及权重等基础之上的。这些评价的标准体系，对被评价对象来说，就像一根指挥棒一样为他们的努力指明了方向。比如，虽然国家建设的是培养德智体美劳全面发展的社会主义建设者和接班人的教育体系，学校也按照要求开设了相关课程，但在以分数为选拔或者评聘人才的体系里，大家自然会将重点聚焦在学生考试成绩取得高分上，而对其他非考试科目关注不多，导致培养效果与预期目标存在严重出入。所谓的主课教师占用体育课时间即是这种理念下的生动呈现，而体育教师总在生病的"段子"之所以会引起大家的共鸣，充分说明这种现象不是个例。

因此，随着时代的进步和教育的发展，教育评价的内容、重点和方式也应该及时予以调整。学校的功能和价值不仅仅在于提高学生的认知和学业水平，还包括情感、态度、价值观等多维目标，用单一的学生成绩指标来测定学校效能是远远不够的，[①]因为立德树人成效才是检验学校一切工作的根本标准。

---

① 罗潇.何为增值？增什么值？如何测量增值？对增值评价的三点认识［J］.今日教育，2021(1)：10-13.

（三）促进学校特色发展和学生个性发展

没有个性难以谈创造性。当前，探索建立拔尖创新人才培养的有效机制，促进拔尖创新人才脱颖而出，是建设创新型国家，实现中华民族伟大复兴的历史要求，也是对教育改革的迫切要求。探索教育增值评价，就是在充分尊重学校和学生个体差异的基础上，为培养人才提供宽松、融洽、愉快、自由的氛围，遵循教育规律和人才成长规律，关注学生的思想情绪，理性帮助学生确定成长成才目标，防止不切实际地盲目攀比，塑造学生自主思考、科学决策、果敢实践的素质和能力，为创新和超越奠定基础。

同时，考虑到各个学校的差异，增值评价关注的是学校办学质量水平和在办学质量上发展提高的程度，因此增值评价为促进学校的特色发展指出了方向，将助推学校坚定把握特色发展的着力点和建设思路，增强自身发展定力及持续努力的信心，提高评价参与度等。

三、教育增值评价的实施困境

教育增值评价强调以学生发展为中心，在教育评价理念上具有更趋公平、科学、客观等多种优势，但在具体实践中还面临着挑战。

（一）评价指标的建构

评价是建立在一定的评价目标、指标和内容体系基础之上的，而构建科学的教育评价体系，是提高人才培养能力、加快建设教育强国的重要着力点。从人才培养目标看，培养德智体美劳全面发展的社会主义建设者和接班人是既定目标，是落实立德树人根本任务的核心要求。因此，理想中的评价体系应该包含上述所有发展因素，至少需要覆盖考量学生的品德意志、知识增长、技能获取、认知发展、健康审美、心理和情感成熟、劳动素养等，这样才能准确、全面地反映学生成长过程和学校教育成效，从而切实达到通过评价引导教学改革的目的。但在实践中，评价主体往往只关注某些容易获得定量分析数据的部分指标，难以做到评价体系的全覆盖。

（二）评价增量的测定

多元评价体系和评价对象的差异，使得在增值评价实践中对如何科学、准确、便捷地度量出相应指标的真实水平成为一个充满争议的难题，尤其对于那些难以搜集和获取评价信息或数据的指标，比如在德育、美育范畴下，如何判定其中的增量，打破传统以考代评的模式，还难以取得共识。此外，增值评价既关注评价的起点和结果，也关注评价的过程，是一种动态的、发展的评价。因此对增量的测定就需要全过程参与，采集反映学生学业水平的认知数据以及学习过程中表情、语音语调、心率等变化的情感数据；而现有技术和条件下对学生发展的全过程记录和分析，还存在客观上的难度。这有待于信息技术的进一步发展、科学的测量工具和专业人才的技能加持。

（三）评价结果的运用

评价本身不是教育目的，评价最终是为了改进和提升。充分运用评价结果才能积极发挥出教育质量评价对教育政策调整、教学诊断与改进等多方面的功能和价值。但由于增值评价的具体实施目前还存在某些缺陷，在结果的运用上就有可能遭遇打折。比如其结果是否应该成为学校排名、学科评估、政策支持、资源配置、教师绩效考核及职称晋升、学生选拔和评奖评优等关键考量因素，或者应该在其中占据多大的权重，在目前教育实践中还存在争议，无法充分彰显教育评价结果的反馈改进价值。

长期以来，围绕着学生的考试成绩、升学率等指标评价教师和学校的诊断性评价与终结性评价占据着学校评价方式的主流地位，导致学校走上以片面追求升学率为目标、以抢夺优质生源为工作重点的发展道路，学生和社会都以分数来选拔和评聘人员，造成教育在一定程度上走偏了的后果。增值评价作为一种关注个体差异、重视发展过程的评价方式，系统考虑人才成长的个人内在因素、教育过程、文化环境、人才制度、学校综合实力和教育投入等多方面的影响，排除学校以外因素影响获得"纯粹"的学校效能来评价教育质量，注重学生的多元发展与进步，可有效纠正和破解"唯分数"的不当评价取向，为促进教育公平提供科学依据与有效对策；同时注重发挥评价的改进功能和激励功能，引导国家、学校、社会、家长、学生摒弃单纯功利的追求，缓解教育焦虑，让整个社会更加理性，在营造健康、从容的教育发展环境方面具有显著优势。

因此，应在增值评价的基础上，以教育教学实绩为主线，结合多种评价手段，共同完善评价指标，探索建立理想的教育评价体系。这既是教育发展的实际需要，也是发挥教育评价导向功能的客观要求。

高校非学历继续教育转型的"破"与"立"

鲁　婧

　　继续教育是人类社会发展到一定历史阶段出现的教育形态，是教育现代化的重要组成部分。高校继续教育是高校人才培养的重要部分，承担着高校服务社会的重要职能。它在社会发展过程中所起到的推动作用，特别是在形成全民学习、终身学习的学习型社会方面所起到的推动作用，越来越明显。

　　高校继续教育包括学历教育与非学历教育，随着国家教育事业的发展，我国普通高校的继续教育从以学历继续教育为主，转变为以非学历继续教育培训为主已是大势所趋。特别是2016年11月18日，教育部印发了《高等学历继续教育专业设置管理办法》（教职成[2016]7号），对现设的本、专科专业进行梳理、调整和规范。该管理办法是教育部规范高等学历继续教育专业设置的首份文件，对于统一各类高等学历继续教育专业设置管理政策，转变管理方式，明确责任和管理程序，加强信息服务与过程监管具有重要意义。根据该管理办法，从2018年起，普通高等学校将不再举办本校全日制教育专业范围外的学历继续教育，并将按照新目录内专业进行招生。此文件出台后，各高校继续教育部门高度重视，有许多高校开始停止成人学历继续教育的招生，也有部分高校开始举办非学历教育的培训。该办法出台后，诸多高校从跟跑到快跑向非学历继续教育转型，引导各行各业从业人员接受各种各样的非学历继续教育培训，对他们实施的是知识更新、补充、拓展和能力提高的高层次的继续教育。这种继续教育使高校向社会辐射教育资源，以提高受教育者的终身就业和发展的能力。那么，高校非学历教育转型到底是"为谁培养人，培养什么样的人，怎样培养人"？质量该如何提高、怎么培训最能体现服务社会功能等一系列问题摆在高校继续教育工作者面前。本文从高校非学历继续教育转型的"破"与"立"两个方面来进行论证。

一、破除障碍，继续教育实施战略转型

由于世界经济社会的发展对高校继续教育提出了更高的要求，高校继续教育实践领域不断发展，研究范畴也在不断地扩大和深入，别是终身教育思想已经为越来越多的人所接受。而且，人们对高校继续教育在经济、社会中的地位、作用、方法等有了初步认识和实践，这也促使国内高校继续教育正在紧锣密鼓地实施战略转型。

（一）"破"思维的转变

当前，由于整个社会还存在以学历识人的问题，因此很多接受继续教育者很关心获得什么学历文凭，甚至是冲着文凭去接受教育。高校以前进行学历继续教育，有学历"卖点"。以前学历是一把钥匙，是用人单位用来衡量人才的一把尺子，也是学子们踏入社会的敲门砖、考公务员的最低要求。工作后，学历不仅是职称晋升、报考国家职业资格证的基本要求，还是干部或员工晋升的首要要求。在国家层面，这种局面必须改变，即要改革人才评价体系，高校继续教育向开展非学历继续教育转型，淡化学历文凭，扭转"唯学历论"。那么高校非学历继续教育培训得到社会认可必须提高培训质量，不断满足人民群众日益增长的美好生活需要。让那些以前就想到名校学习但没有机会的人员接受非学历继续教育培训，这也正是构建我国终身教育及我国终身教育体系的好时机。随着我国教育改革的持续推进，2002 年、2009 年、2013 年、2018 年，清华大学、中国科技大学、复旦大学、武汉大学等一流高校相继退出学历继续教育，越来越多的高校也将陆续退出学历继续教育，转向非学历继续教育领域。

（二）"破"发展不平衡的各类继续教育

目前高校非学历继续教育市场上存在一些问题，如一些高校不敢面对市场挑战争，一些高校则过于追求经济效益、过于追求市场化，还有的高校没有机制，没有市场意识，人员没有积极性和主动性。有些继续教育工作人员也不愿意学习更新知识和转型，培训质量不高，影响学校声誉，还有的高校管理不到位，出现这样那样的风险。对于存在这样的问题，在推进高校非学历继续教育的时候，应当平衡各级各类培训，强化规范意识，坚持人民至上的教育核心价值观，专业人做专业事，以保障继续教育健康、可持续发展。

（三）"破"日益增长的无序市场竞争

伴随教育新时代的到来，我国的非学历继续教育培训竞争也不断加剧，继续教育市场出现了多方面的参与力量，再加上教育培训机构（互联网公司）的强势加入，资本市场的功利性也在培训中有所表现。虽然教育培训的市场规模依然在增长，但随着越来越多的教育机构和教育资本的入场，教育机构之间的竞争会越来越激烈。市场上培训机构众多，头部企业各赛道均有布局，赛道竞争激烈无序。如职业资格考试有公务员、事业单位、教师招录的中公教育、华图教育等；继续教育类有奥鹏教育、自力教育、弘成教育等；考研类有文都、中公考研、新东方等；教育类有中国教师教育网、智课网等；还有一些社会机构也在开办教育培训。再加上社会上还有一些用人单位和企业看中的是人的文凭和学历，忽视人的能力和内在素质，重物轻人，重眼前利益轻长远利益，舍得花钱建设，不舍得出钱培训人，对非学历继续教育应付差事，或者不屑一顾、敷衍了事，导致培训质量不高，浪费人力物力财力的现象比较严重。高校非学历继续教育也存在多头管理、管理不规范、条理不清、片面追求经济效益、培训质量倒挂的现象，要想从中脱颖而出，必须冲破这个竞争网，提升对发展非学历继续教育重要性、紧迫性的认识，认真做好非学历继续教育培训的调整和升级换代，着重抓好培训质量，加强制度的监管，正确处理好非学历继续教育的市场规律和教学规律，在职能、培养对象、办学模式、办学思路、办学体制、管理模式等方面都要转变，以教育培训质量吸引和培养各行各业的人，实实在在做好培训。

（四）"破"固化共性培训转向个性化日益增长的需求

伴随我国城镇化的不断发展，产业结构也进行了升级和调整，劳动力结构也发生了变化。就人才培养来看，每个学习者都有独特的个性和需求。高校非学历继续教育要变固化共性培训为个性化培训，要因材施教、度身打造适合个性的培训方案和实施办法，在内容上倾向于新知识、新技术、新理论、新方法、新信息、新技能的培训，以提高培训质量。

（五）"破"数字化教育带来的新挑战

数字化是教育信息化发展的必然趋势。从 2012 年的"三通两平台"到 2022 年"国家智慧教育平台"上线，十年间，我国教育信息化的发展步伐不断加快，质量不断提升。要紧紧抓住数字教育发展战略机遇，以高水平的教育信息化引领教育现代化。"人工智能＋大数据"的科学技术发展，必将塑造高校非学历继续教育的教学理念和教学模式的新形态。新冠疫情加速了教育数字化进程，高校非学历继续教育教学线上化转型让"互联网＋教育"和"智能＋教育"成为常态，也为高校非学历继续教育带来前所未有的挑战和机遇。客观而言，我国高等教育信息化的整体水平还相对较低。无论是管理人员还是教学人员，在意识上和技能上还未完全做好数字化变革的准备，这导致我国高等教育在数字化转型过程中面临着诸多挑战。

二、加快建设，促进继续教育高质量发展

高校非学历继续教育处于转型期，转型发展如何从跟跑到快跑，如何做好高质量的教育培训，是高校继续教育学院应承担的责任和使命；

应起到标杆和示范作用，主动担负起服务社会的责任，一手抓规范办学、一手抓转型发展，有效实现"两手抓两手硬"的转型措施，推动国家继续教育科学发展。那么，如何有效开展非学历继续教育，如何设计高品质的非学历继续教育产品，如何有效对接党政干部、企事业单位、专业技术人员培训，需要从以下几个方面进行"立"的探讨。

（一）加强高校非学历继续教育的统筹规划，理顺培训秩序

教育部发布 2022 年工作要点，其中明确规范发展高等继续教育，出台关于推进新时代普通高校举办学历继续教育改革的实施意见，加强对普通高等学校举办非学历教育规范管理，对直属高校非学历教育领域问题进行专项整治。

（二）深刻领会规定精神，加强对高校非学历继续教育的制度创新

2021 年 11 月 11 日，教育部办公厅印发《普通高等学校举办非学历教育管理规定（试行）》，明确普通高等学校举办非学历教育的目的、范围、管理体制、职责要求等。这是 1990 年以来教育部在高校非学历继续教育领域出台的第一份规范性文件，也是历史上针对非学历继续教育办学要求最系统、管理最严格的一份文件，为学校非学历继续教育未来发展提供了行动指南，指明了努力方向，提供了重要政策依据和管理规范。这项规定包括管理体制、办学职责、业务范围界定，特别是办学过程中涉及项目立项、招生宣传、合作办学、合同签订、教学管理、财务管理以及监督监管等方面进行制度规范。此文件的出台，针对性强，指导意义重大，充分说明党和国家对新时期高校继续教育发展更加关注，提出的标准更高、要求更严、举措更实，规范办学、内涵发展的导向更加明确。各高校继续教育学院应切实提高站位，深入研读管理该规定，深刻领会规定精神，用规定指导好、监督好本校非学历教育工作。

（三）遵循品牌导向的规律，打造品牌效应，让优秀的高校培训脱颖而出

高校非学历继续教育要获得知名度和美誉度，就必须建立本校非学历继续教育的品牌。品牌代表着本校非学历教育的信誉、文化、产品、质量、科技、潜力等重要信息，培训中要着力塑造广泛社会知名度和美誉度，使本校非学历继续教育的品牌走进消费者心里，让受教育者满意，有所启迪、有所开悟，学习到新知识，快速运用到实践工作中，增加教育者与受教育者的黏度和忠诚度。

（四）推动供给侧结构性改革，打造适应高校事业发展的培训新格局，主动回应新时代的培训需求

推动高校非学历继续教育高质量发展必须以深化供给侧结构性改革为主线，为受教育者提供高质量的培训课程，必须适应把握引领非学历继续教育发展的新常态，变压力为动力、善于化危为机，提升非学历继续教育的创新力和竞争力。鼓励校内相关部门共同参与、主动参与、回归部门主要职能，凝聚校内外师资力量进行课程研发，开展线上线下融合技巧，有针对性地开展培训工作，确保高校非学历继续教育保持在非学历教育的前列，坚持向改革要动力，改变传统的培训课程和培训模式，让高校服务社会的贡献率不断上升。

为了加快落实党的十九大关于"办好继续教育"的决策部署，强化高校非学历继续教育的公益属性，引导高校依托学科专业优势特色，主动服务国家战略、经济社会发展和人的全面发展，规范开展与学校发展定位一致、与学校办学能力相适应的非学历继续教育，培训中要融入课程思政元素，强调课程的应用性和适用性，高标准打造优质的培训课程，实现高校非学历继续教育与市场价值的最优化。

深化教育评价改革，促进提高青年骨干项目

——国内访问学者培养质量研究

彭燕妮

2020 年 9 月，中共中央、国务院印发了《深化新时代教育评价改革总体方案》（以下简称《总体方案》）。这是新中国第一份关于教育评价系统改革的文件，也是指导深化新时代教育评价改革的纲领性文件。为贯彻落实好《总体方案》精神和要求，教育评价改革确定了目标和路径，明确了清单和任务。我们要充分考虑教育评价改革的艰巨性、长期性，结合教育部青年骨干项目访问学者发展与管理实际工作，深化教育评价改革，促进提高访问学者的培养高质量发展，努力办好人民满意的教育。

一、坚持立德树人为主线，让选派机制更加完善

为深入学习贯彻习近平总书记关于教育的重要论述，贯彻落实《中共中央 国务院关于全面深化新时代教师队伍建设改革的意见》，提升高校青年教师专业能力，根据《教育部办公厅关于印发〈高等学校青年骨干教师国内访问学者项目实施办法〉的通知》,2022 年教育部继续资助500 名中西部地方高校及国家民委直属高校青年骨干教师参加国家级培训。通过访学，引导青年骨干教师立志做教书育人的"大先生"，瞄准学科前沿和关键领域，学习新知识、新技术、新理论，提升原始创新能力，不断提高教育教学、科学研究水平和社会服务功能，为国家和区域发展贡献力量。

各省、自治区、直辖市教育主管部门与各高校选派访问学者，必须以把"德"为首要条件来进行选拔，要将选拔要求、选拔原则、选拔方法公之于众，为青年骨干教师的培养、管理和评价等工作奠定基础。目前存在有些派出高校为减轻本校的管理压力，将平时不好管理、不善管理、不愿管理，甚至不符合要求的教师派出访学，此举既不符合国家的教师队伍建设的培训方针，浪费国家的人力财力，给接受高校凭空添加许多工作，也为社会增添不安定因素。为确保国家的教育资源及教师队伍的培养落到实处，各省、自治区、直辖市教育主管部门及派出高校要强化政治把关，设计科学的选拔机制，选拔出需求最迫切、最符合项目的青年骨干教师。根据教育部文件精神，选派对象应是政治素质过硬、师德师风高尚、教书育人能力突出的在职教师，年龄一般不超过 40 周岁，从事教学科研工作 5 年以上，具有较好的专业素质能力，且符合选派学校重点培养计划的学术带头人后备人才或者青年骨干教师，具有副高及以上专业技术职务，具备研究生导师资格。

二、坚持立德树人为主线，让遴选导师机制更加完善

各接受高校的遴选导师也要以把"德"为首要条件来进行遴选。导师是培养访问学者的重要因素，是访问学者培养工作的具体组织者和实施者，对访问学者成长成才负有首要责任，是全面落实立德树人的根本任务，提升访问学者培养质量的关键。访问学者导师是在各接受高校博士生导师中遴选产生，访问学者培养过程中，导师担负着引路人和监督者的责任，如何选聘学术精湛、师德高尚、育人有道的博士生教师担任指导教师是青年骨干国内访问学者培养的关键所在。遴选导师工作应坚持标准，严格要求，做到公平、公正、公开。

访学导师应熟悉执行访问学者教育管理的政策与法规，恪守职业道德，为人师表，严谨治学；应结合访问学者的自身条件，制订符合访问学者需要的研修计划，高度重视对访问学者的思想引领，加强对访问学者的理论学习、思想政治、四史教育、国情教育、实践锻炼、人文关怀

等工作，帮助提升教育教学和科学研究能力，促进专业发展，应有利于为国家培养经济建设和社会发展需要的高素质人才，有利于提升访问学者的培养质量，有利于发展交叉学科和新兴学科。

三、接受高校管理应加强研究，提高管理水平，将教育评价工作落到实处

在教育部青年骨干项目访问学者培养过程中，应以破"五唯"为导向，坚持科学教育评价。《总体方案》指出，要扭转不科学的教育评价导向，坚决克服唯分数、唯升学、唯文凭、唯论文、唯帽子的顽瘴痼疾，办好人民满意的教育。在访问学者培养期间，要将科学的教育评价改革始终贯穿于各项教学、科研任务，引导确立科学的育人目标，立足高校教育改革实情，坚持积极、稳慎、务实，改进结果评价，强化过程评价，探索健全综合评价，着力建立科学的、符合时代要求的教育评价制度和机制，确保教育正确发展方向，坚定不移走中国特色社会主义教育发展道路。

一是接受学校要与各省、自治区、直辖市教育行政部门和选派学校建立良好的共管机制，落实访问学者中期考核和结业考核制度，为访问学者提供不低于博士研究生标准的研修和住宿条件，提供网络、图书资料等学习资料，组织相关学术活动。

二是在访问学者入学时，举办"访问学者开学仪式"，邀请学校负责人、导师代表、学员代表致辞发言，并给每位学员发放《学习计划执行表》，详细讲解相关的注意事项，使他们能尽快适应接受高校的学习方式，同时教他们如何与导师沟通、如何选听课程、如何充分高效利用接受高校的图书资源等，向他们介绍学校教学科研的特点和学校的情况，使他们能主动适应新的学习环境以尽快进入角色。

三是成立访问学者党支部，积极开展支部活动，让党员正常参加组织生活履行党员的权利和义务。从思想上、组织上、作风上、制度上和党风廉政建设等方面多形式推进学习型支部建设，不断增强党组织的凝聚力、战斗力。如加强党史学习教育，将党史学习教育深入推进。如武

汉大学组织访问学者通过寻访武汉市和武汉大学的红色遗址，进一步激发了支部党员传承红色基因的决心。他们纷纷表示，要大力弘扬老一辈共产党人廉洁奉公、严格自律、艰苦奋斗的精神，切实履行好新时代共产党员所肩负的历史责任。

四是为加强访问学者的基础知识及相关专业知识，导师要为访问学者安排相关课程的旁听。

五是通过搭建各类学术平台，鼓励访问学者参加校内外不同类型的学术交流活动，积极参加校内讲座，参与或者旁听导师的博士生答辩，帮助访问学者开阔视野，拓宽学术研究的思路，不断提高访问学者自身的学术科研能力。如符秀丽老师按时参加研究生和博士的每周的科研例会，并参加文献解读。在校期间，她参加了26场学术专题讲座，聆听了国内外著名专家、学者的精彩报告。讲座的内容涵盖专业学术研究、课堂教学艺术、论文撰写、课题申报、思政教育等方面的内容，她也从中学习到了更科学的研究方法，明确了自己未来科研提升的方向。

六是各接受高校组织各类培训、讲座，加强教育管理与评价。比如武汉大学常年为访问学者开设讲座，内容涵盖师德师风建设、课堂教学与方法、科研能力和方法、一流课程与通识课程打造、基金申报、科研团队打造、成长思维与教学设计、课程思政评价探索与工具、课程思政的道与术、问卷调查的设计与评价、如何撰写高质量的项目申请书、疫情防控下的身心健康与心理健康、校园安全等，受到了很多访问学者的好评与赞扬。

七是接受高校应针对访问学者日常教学与参加教学竞赛的具体需求多开展教学或者科研工作坊。如武汉大学每学期专门开设访问学者教学工作坊或者科研工作坊，邀请知名教学名师、青教赛获得者担任点评嘉宾和评委，旨在将教育评价纵深发展，加强对访学教师教学能力和科研能力的培养，提高他们的教学水平和科研水平，磨炼教学实战技能和科研实践技能。访学教师们用良好的精神面貌和专业素养展示授课内容，过程中既有生动的讲述又设计有趣的教学场景，还有带动全场的互动交流，引来评委和听课的老师们一阵阵雷鸣般的掌声。专家评委们针对参赛教师们的展示内容进行点评，并提出了改进建议。如导课内容要与主题直接高度相关，承上启下，同时点出新课的不同，以提升学生认知的深度，凝练出更深层的规律与方法；教师的走动、工具、肢体语言很重要，在课堂中要设计互动，反复练习；运用课件、板书、课程思政、提问、教学方法（教具）等，结合内容层层递进；在授课过程中要注意学生参与度，注意内容与形式的斟酌。

      访问学者杨帆教师评价：这次有幸能参加了武汉大学访学教学工作坊，在短短的几天里听了 29 位老师们的精彩授课，受益匪浅。这是一次拓宽眼界的机会，也是能让自己在教学上有所突破的机会。专家评委的点评让我茅塞顿开，清楚地找到了自我改进的方向。例如，杜莉教授说，一堂课能吸引学生的首先是"颜值"，不是指教师的长相，而是指教师的教态、板书、PPT，都是吸引学生的点。在这次访学的授课大赛中，我荣获一等奖，这是对我的教学工作的肯定，更是对我最大的鼓励。非常感谢武汉大学提供的机会！希望以后多举办这样的活动，让高校教师多有互动交流、教学切磋的机会。

      访问学者徐若瑜老师评价：我所任教的高校是复合应用型高校，我们的金融专业是省一流专业，因此我们特别重视教学，着力打造金课，淘汰水课。非常感谢武汉大学提供的教学工作坊的交流机会！杜莉老师和张妍岩老师对每位参赛教师的点评非常专业、精准。专家评委们提出的关于金课标准的"两性一度"和重难点把握，对我很有启发。也感谢专家评委们的肯定和鼓励，让我在后续打造一流课程和专业建设中更有信心和决心。在整个活动过程中，武汉大学的老师们和专家评委们对于教学工作坊以及整个访学项目都非常重视，他们的专业敬业精神深深地感染了我。

八是访问学者访学时间达到半年，学校召开座谈会，布置中期考核任务，评价半年来学习、科研工作取得的成绩和难点。及时肯定访学学者取得的成绩并积极鼓励继续开展工作，对于提出的困难，及时予以帮助解决。

九是访问学者结业，举行结业仪式。总结访问学者培养成果，验收培养成效，评价一年来的收获、成绩，确定将来努力的方向。通过导师与学员的联系，推动访学派出学校与接收学校之间的沟通交流与合作，共同开展课题申报、科学研究、人才培养和学科发展等，为促进中西部教育事业快速发展作出贡献。

深化教育评价改革是一项复杂的系统工程，需要各方通力配合、协同推进。根据《总体方案》，访问学者项目要构建当地政府、派出学校、接受学校、访问学者、访学导师、社会等多方参与的教育评价体系，始终坚持科学教育评价导向，加强教育教学督导，加强对访问学者的跟踪管理和绩效管理，促进提高访问学者的培养质量，不断把教育评价改革引向深入，为教育改革发展装上强大引擎，办好人民满意的教育，努力为国家培养一代又一代社会主义建设者和接班人。

参考文献：

［1］中共中央 国务院关于全面深化新时代教师队伍建设改革的意见［EB/OL］.［2018-01-31］. http://www.gov.cn/xinwen/2018-01/31/content_5262659.htm.

［2］深化新时代教育评价改革总体方案［EB/OL］.［2020-10-20］.http://www.moe.gov.cn/jyb_xwfb/xw_zt/moe_357/jyzt_2020n/2020_zt21/.

［3］《教育部教师工作司关于做好2022年中西部高等学校青年骨干教师国内访问学者选派工作的通知》（教师司函〔2022〕15号）。

新时代做好高校教师培训工作的思考

万胜勇

教师承担着传播知识、传播思想、传播真理的历史使命，肩负着塑造灵魂、塑造生命、塑造人类的时代重任，是教育发展的第一资源，是国家富强、民族振兴、人民幸福的重要基石。党的十八大以来，以习近平同志为核心的党中央将教师队伍建设摆在突出位置，作出了一系列重大决策部署。党的十九大报告将教育摆在优先发展地位，并指出要努力建设一支师德高尚、业务精湛、结构合理、充满活力的高素质专业化创新型教师队伍，引导他们争做有理想信念、有道德情操、有扎实学识、有仁爱之心的好老师，在教书育人的岗位上建功立业。2018 年 1 月，中共中央、国务院出台的《关于全面深化新时代教师队伍建设改革的意见》是新中国成立以来党中央出台的第一份专门面向教师队伍建设的里程碑式政策文件。该文件以习近平新时代中国特色社会主义思想为指引，对标新时代要求，从师德建设、培养培训、管理改革、教师待遇、保障措施等方面指明了新时代教师队伍建设改革的方向。教师培训是高校教师管理工作的重要组成部分，是提升教师队伍素质的有效途径。作为师资培训工作者，我们应当充分认识新时代教师队伍建设的重要意义和总体要求，深刻把握新形势下高校教师队伍建设面临的机遇与挑战，不断推动教师培训工作理念创新、内容创新和方式创新，努力造就一支党和人民满意的高素质专业化创新型教师队伍。

一、强化理想信念教育，严把新时代
高校教师培训的政治方向

习近平总书记在全国高校思想政治工作会议上指出，"高校思想政治工作关系高校培养什么样的人、如何培养人以及为谁培养人这个根本问题。教师是人类灵魂的工程师，承担着神圣使命。传道者自己首先要明道、信道。高校教师要坚持教育者先受教育，努力成为先进思想文化的传播者、党执政的坚定支持者，更好担起学生健康成长指导者和引路人的责任"。①《高等学校教师培训工作规程》也明确规定，"高等学校教师思想政治素质的培训要坚持党的基本路线、教育方针和教师职业道德教育，使教师自觉履行《教师法》规定的义务，做到敬业奉公，教书育人，为人师表"。②

理想信念是人的政治灵魂和精神支柱，对于高校教师而言，理想信念作用尤为重要，关系到教师能否在课堂上坚持正确政治方向、站稳政治立场的问题，关系到立德树人的根本问题。当前，我国高校教师普遍能积极拥护以习近平同志为核心的党中央，能热心于教书育人工作，但是还存在着种种问题：少数教师在课堂上口无遮拦、对学生思想产生负面影响；思想活跃，容易受到各种思潮的影响；理想信念和职业信仰缺失，言行失范、品位不高等。

（一）强化培训课堂意识形态安全

要进一步强化培训课程设计、教师遴选、课堂教学等环节的政治标准，把政治标准放在首位。要严把培训教师的政治关，要让每一位登上讲台的教师，都必须毫不动摇地坚持正确的政治方向；要进一步强化课堂教

---

① 习近平.习近平谈治国理政（第二卷）［M］.北京：外文出版社，2017：376.
② 高等学校教师培训工作教程［Z/OL］.［2022-10-20］.http//:www.moe.gov.cn/srcsite/Aoz/s5911/moe_621/199604/t19960408_81890.html.

学管理与纪律要求，强化对课堂教学的日常管理，绝不让触及原则和底线的声音在课堂出现。

（二）完善理想信念教育的内容体系

要在教师培训课程内容中加强理想信念教育，用习近平新时代中国特色社会主义思想武装教师的头脑，把党的教育方针和习近平总书记关于教育工作的重要论述贯穿到各类培训的全过程、全方位，引导受训教师树立正确的历史观、民族观、国家观、文化观，坚定"四个自信"，增强"四个意识"，引导教师准确理解和把握社会主义核心价值观的深刻内涵，增强价值判断、选择、塑造能力，带头践行社会主义核心价值观。

（三）着重培育优良师德师风

在培训环节中，要加强"职业规范""职业道德"等课程建设，通过案例教学、集体研讨等方式切实加强师德师风教育，提升师德教育实效。要在培训课程设计、教员教学实施、学员考核评价等关键环节中，进一步体现和强化师德师风建设的要求。要通过培训教师的身体力行，进一步示范受训教师以德立身、以德立学、以德施教、以德育德，引导受训教师始终坚持教书与育人相统一、言传与身教相统一、潜心问道与关注社会相统一、学术自由与学术规范相统一。

二、遵循教育教学规律和教师成长发展规律，着力提升新时代高校教师培训的实效

教师不仅是知识的传递者，还是从事教育科学研究、探索教育规律的专业工作者，更是教育改革的先行者和主力军。我们要遵循教育教学规律和教师成长发展规律，通过对教师的培训和造就，建设一支高素质创新型的教师队伍，让广大教师积极探索教育教学规律，主动更新教育观念，不断改革教学内容、方法、手段，不断提升人才培养质量。我们要遵循教育教学规律和教师成长发展规律，坚持以教师为本的理念，尊

重他们的选择，研究他们的需要，重视他们的发展，调动他们的积极性和主观能动性，使教师从"被动的受训者"成为"主动的发现者、探究者和学习者"。

（一）充分了解教师需求，科学合理设计培训内容

高校教师追求的不仅仅是教学科研能力的提升，更要促进自身的全面发展。在设计培训内容的时候，要分析教师专业需求和专业发展，要重视信息技术技能和实践能力的培养和提高，还要重视人文精神和基本教育观念的构建和重塑。高校教师在学习中具有很强的目的性，通常是带着问题来，是为解决问题有目的、有针对性地寻求知识，而非仅仅满足于获取某一门学科的知识。因此教师培训的内容定位必须从"以学科和知识为中心"向"以问题为中心"转变。"以问题为中心"要求培训实施者必须以教师的需求为起点，关注教师身处的现实情景和面对的社会现实问题，突出重点，科学设计和安排学习内容，使受训教师能进行菜单式的个性化选择。

（二）充分运用信息技术，推动信息技术与教师培训有机融合

当今时代，以移动互联、超级计算、大数据、云计算、物联网为代表的新一代信息技术日新月异、突飞猛进，传统的教学方式已无法应对信息技术时代的挑战。面向信息技术与教学深度融合的专业能力，是当今教师的基本素质。因此，我们要切实转变培训方式，通过培训手段的信息化、专业化、集成化，进一步提升受训教师的学习体验，提高受训教师的信息素养，促进信息技术与教师培训、教学实践的深度融合。

（三）创新培训形式，进一步提升培训的多样性和互动性

我国高校教师培训形式主要有岗前培训、单科进修、助教进修班、国内（外）访问学者、高级研讨（研修）班、在职学历学位培训、研究生课程班等。这些培训大部分采取以理论为主的课堂教学或"报告式的

讲座",培训者一般居于中心地位,受训教师处于被支配地位,未能形成良性的互动。我们要进一步提倡参与式培训,创造轻松愉快的学习环境,引导受训教师进行思考、分享、反思等一系列活动,从而进一步激发受训教师的积极性和主观能动性。

(四)深化教育评价,进一步提升培训的多样性和互动性

教育评价改革是全面提升教育质量的关键突破口。要以立德树人为根本任务,围绕教育培训建设,在培训评价、学员评价、教师评价等方面探索深化改革,不断提高教育培训评价改革的系统性、整体性、协同性。学校教育评价改革要取得实质性突破,必须建立多方位协同,重视产教融合,坚持内涵发展;坚持人才培养,深化三教改革;重视社会服务,突出教育优势。

三、强化培训过程管理,着力打造
新时代高校教师培训品牌

党的十九大报告指出,我国社会主要矛盾已经转化为人民日益增长的美好生活需要和不平衡不充分的发展之间的矛盾。教师培训也是如此,必须着重解决教师队伍建设中不平衡不充分的问题,通过加强规范管理、强化培训过程,提升培训质量,进一步优化教师培训的供给内容结构,积极响应国家重大战略实施,立足区域服务区域经济发展,促进教育在更大范围内公平公正。国务院颁布的《中华人民共和国国民经济和社会发展第十三个五年规划纲要》也明确提出"大力发展继续教育,构建惠及全民和终身教育培训体系","发展在线教育和远程教育,整合各类数字教育资源向全社会提供服务"。为确保教学培训质量,作为继续教育主力的教育培训站在信息化改革的前沿,在"互联网+"时代与数字教育转型时代,如何多形式多方向多层次开展教育培训,提高培训质量,着力打造新时代高校教师的培训品牌,是我国高校继续教育面临的新形势和新挑战。为确保培训质量,必须科学设置课程,优选师资力量;培

训过程中要严肃学习纪律，注重培训细节，提升服务水平；积极采纳建议，优化培训方式；加强班级文化建设，开展多方位的培训评价；组织学员进行分组讨论，撰写心得体会，促进学员之间的学习交流；不断丰富培训方式，通过拓展训练、破冰等活动，打破学员之间的隔阂，加深其沟通了解；同时收集培训评价，做好意见反馈表、学习心得等资料的归纳建档工作，为做好下一步培训工作奠定坚实基础，以促进提高教育培训质量并改进下一阶段培训工作。

我们必须转变思想、更新观念，整合校内校外办学优质资源，到课堂中去，到社会实践中去，面向经济社会主战场，着力打造一批质量高、效益好的精品培训课程，精心培育和锻造教师培训的高端品牌。我们要建立需求分析、建立效果评估、建立激励机制，加强对教师培训的过程管理。同时，我们要强化监管力度和社会监督，确保教师培训工作依法依规地有序开展。派出教师的单位要切实做好培训教师的保障工作，为他们解决后顾之忧。

参考文献：

［1］中共中央　国务院关于全面深化新时代教师队伍建设改革的意见［EB/OL］．［2018-01-31］．http://www.gov.cn/xinwen/2018-01/31/content_5262659.htm.

［2］李晓蓉. 论新时期高校青年教师理想信念教育［J］．绵阳师范学院学报，2015（3）：100-104.

［3］向守万. 青年教师成长规律探究［J］．江苏教育，2017（2）：31-33.

［4］姚尚斌. 在信息技术与课程整合实践中对教师培训的思考［J］．改革与开放，2010（6）：149.

新一轮审核评估背景下的本科课堂
教学质量评价探究

王胡红

2021 年 1 月，教育部印发了《普通高等学校本科教育教学审核评估实施方案（2021—2025 年）》的通知，聚焦教学基础上的育人工作，对学校育人的全员、全过程、全方位进行评估，目的是全面落实立德树人根本任务，构建"三全育人"工作新格局以及"培养什么人、怎样培养人、为谁培养人"。本科课堂教学是大学人才培养中最基础和最重要的中心环节，是教师最值得为之贡献才能的本职工作，是教学管理和服务部门应该始终关注深入研究的职责所在，也是一所大学育人目标、办学理念、学术水平、综合实力的集中体现。对于大学而言，本科课堂教学的教学理念、教学目标、教学内容和教学方法是课堂教学的基本要素，随着社会进步和科技发展，必须深入探究，不断地更新观念、修正目标、设计内容、创新方法，提高人才培养的质量。

对于学生而言，课堂是思想品德塑造、传承科学进步、优化学习方法、提高专业技能的主要场所。课堂教学的质量最终体现为学生步入社会后和谐生活的能力、学以致用解决复杂问题的能力。课堂教学质量的评价是学校始终坚持的工作，但是教学质量评价一直未能找到一种既客观又可量化的指标体系。对课堂教学质量的评价主要来源于听课者与授课者之间交流产生的感悟，有可比性的观测点和客观的量化评价已经成为教学管理中不愿意放弃又有缺陷的工作难题。虽然不同人的感悟有所不同，

但是不同人对某一堂课的总体印象会趋于一致。总体来说,何为优质课堂,笔者认为优质课堂应包含以下要素:

一是符合实际的人才培养目标设定决定了优质课堂的基本内容和评价课堂的指标体系。武汉大学形成了系统的融"人才培养为本,本科教育是根"的办学观、"以'成人'教育统领'成才'教育"的育人观、"厚基础、跨学科、鼓励创新和冒尖"的教学观、"以学生发展为中心"的目的观、"激发教师'教'与学生'学'双重积极性"的动力观为一体的本科人才培养思想体系,培养德智体美劳全面发展的社会主义建设者和接班人,培养担当民族复兴大任的时代新人,培养引领未来社会进步和文明发展的国家栋梁和领袖人才。根据这一目标,武汉大学课堂教学理念应该是价值塑造、能力培养和知识传授。问题在于每个学生的发展趋向设计从成人成才的角度看目标是一致的,但是从就业方向看差异较大,从学习兴趣看对每一门课的差异明显。所以对每一门课堂教学需要结合课程的属性认真思考:对这个学习兴趣各异的学生群体如何结合教学目标,设定传授什么知识和技能,采用什么教学方法,如何激发学生的潜能,如何尊重和发挥学生的发展个性,达到什么样的教学效果。

二是优质的课堂教学内容的设计决定了学生专业起点的高度和学术素养基础。随着社会进步和科技发展,学生自学能力和信息获取得到很大的提升,在基础知识传授的基础上,需要强化的是专业信息的处理方法和批判性的汲取思维模式。优质课堂教学内容的设计所具有的共性是将最新的科研成果、学科前沿、发展趋势、学术难题引入课堂,将本校的学科优势转化为教学优势,最终成为学生的专业素质优势。教师在讲授这部分内容时,分享自己的研究经验,有利于提升学生的研究技能。优质课堂教学内容的完整性表现在:知识点承前启后的关联、本次课程的重点和难点、本次课程内容的学科前沿、互动环节的引领、学习本次课程的参考文献、课后作业和反思。

三是课堂启发式教学方法决定了学生思维空间的拓展和解决问题科学性的提升。新一轮审核评估的质保理念之一就是以学生为中心。启发式教学方法是"以学生为中心"的大学课堂的惯用方法，有讨论式、提问式、纠错式等多种形式。"满堂灌"式教学方法是指在信息来源渠道单一的情况下，学生对知识点的深化理解与拓展，主要依赖于教师讲授和图书馆文献。在信息化社会发展的过程中，学生摄取知识点的方法趋于多样，"满堂灌"的教学方式已经明显不适应目前的课堂教学。线上线下混合式教学、翻转课堂教学、科研反哺案例教学、研究讨论式教学、学生自主选题实践探究教学等新的教学方法应运而生，已经成为大学课堂教学的基本教学模式。特别是科研反哺教学的方法和内容，直接影响着学生了解学科专业的前沿性、科学研究的思维方法、实际问题的多学科交叉属性以及解决问题的思维模式。

四是对教学效果的评判是课堂教学必须时刻关注的问题。教学效果仅仅依赖学生评教问卷是不够的，一个评教的分值不是教师渴望的结果，教师最想知道的是：设定的教学目标是否达到，教学方法是否合适，教学创新是否有效，与国际一流大学的课堂教学差距有多远。大学课堂教学方法的多样化，学生丰富的想象力和创造力的提升，人文思政素养培养的实效等诸多方面的成效，都需要综合性和多样化的评价。优质课堂教学效果的评判应来源于以下五个方面：教学督导随堂听课与授课教师的交流；学生研讨过程中的互评；教师教学反思；学生评教；考核考试。学生是课堂教学最终的受众，可以侧重于学生评教，但不能只依靠学生评教。采用综合性多样化的评教方式可以更好地帮助教师提升和改进教学质量。

新一轮审核评估有利于夯实本科教学在高等教育中的基础地位，把人才培养质量要求落实到课堂、教师，特别是学生的学习成效上。[①] 对教学质量进行有效的监控和评价，是推动高校实现内涵式建设及提升教育质量的重点所在。科学的教学质量评价可以使教师获得综合性的教学反

---

① 杨飒，晋浩天. 新一轮本科教育教学审核评估三问［EB/OL］.［2021-02-08］.
https://baijiahao.baidu.com/s?id=1691074884595409649&wfr=spider&for=pc.

馈信息从而及时改进教学，以促进教学方法的改革，以此提高教学质量，同时产生正确的导向和激励作用，更好地调动教师投入教学工作的积极性。优质课堂的目标是实现一流人才培养，因此优质课堂教学质量评价的基础指标应包含以下六个方面。

一是具有丰富科学研究的经历和教学经验的教师。因为这样的老师在本科教学中推行研究型教学，易于引导和强化学生创新能力和探究能力的培养。教师也应平衡教学与科研的关系，在一定程度上实现教学与科研的融合，缓解研究型大学"重科研轻教学"的现象。①建设优质课堂，教师应转变教学观念，增强以学生为中心的意识，建设多元化的知识体系，促进学生掌握学习方法、拓宽思维模式、提升解决问题能力，创新教学艺术，实现学生学习目标。

二是以学生为中心探究式的开放课堂教学方法。探究性教学是研究型大学课堂教学模式的灵魂，也是契合现代社会发展对创新人才的要求。②以学生为中心，培养学生的创新思维、创新意识和创新能力，采用探究式的开放课堂，鼓励学生积极参与课堂互动，训练学生的创新思维能力，及时更新教学知识，保证学生所学知识的前瞻性和实用性。③如问题引导和案例教学法，可以让学生触摸到基础知识与实际问题之间的关联，对基础知识有了更深入理解的意愿，同时也融入了教师解决问题的思路、方法和经验。它容易设计互动环节，对学生学习的主动性和思维拓展都具有积极意义，激发学生的对诠释专业领域新问题的兴趣。

三是线上线下结合的信息利用模式。利用现代信息技术实现线上线下相结合的教学形式，突破了时间和空间的限制，更加注重互动性和个

---

① 富阳丽."双一流"背景下研究型大学本科课堂教学评价指标体系研究［D］.兰州大学，2018：1-2.

② 李硕阳，富阳丽."双一流"背景下研究型大学本科课堂教学评价指标体系研究——基于专家经验与结构方程模型的分析［J］.西北工业大学学报，2018（1）：22：34.

③ 钟登华.扎根中国大地 培养世界一流人才［J］.中国高等教育，2017（8）：30-32.

性化培养，增强学生学习参与度，提高学生学习效率，为学生配置合适的教学资源，使学生和老师之间充分交流，扬长避短，有针对性地进行教学。新时代的学生信息来源渠道丰富，教师对应专业名词、定义和定律等基础理论知识点向知其所以然和学以致用方面转移，采用作业或小测验等形式强化推论、验证、辨析、理解和记忆。

四是体现学科前沿和本校学科优势的教学内容。课程与学科前沿相结合有利于将学生被框定的视野和思维放大到更大的科学领域，以开拓学生的国际视野。[①]体现学科优势是大学的核心竞争力所在。在教学内容里加入学科前沿和本校学科优势，可以培养学生的科研热情，积极参与到教师的科研活动中去。教师的学科领域新进展和难题、本校科研成果和优势，以及教师本人的科研经验和学术成就是课堂教学必选内容，也是学生必备的专业基础知识。科研成果反哺教学是研究型大学教学的基本要求之一，通过课堂讲授、专题讲座和学术报告等基本方法，形成本校学生专业基础的优势，有利于开阔专业视野、了解科学研究方法、巩固专业思想和提高大学生的社会责任感，也可以塑造本校学生的就业竞争力。

五是课程思政对学生人文素养、职业道德规范和社会活动能力的培养。大学是人生最重要的转折点之一，是学生树立正确的世界观、人生观和价值观的关键时期，作为大学教育最重要的课堂教学是人才综合素质培养的关键环节，课堂不仅仅是专业知识的传道解惑，更重要的是成人成才的塑造。提高课程思政教学水平的关键点在于：进行深入的学情分析，设定课程思政的目标；选择既符合学生实际又与专业教学知识点相切合的思政元素；将思政元素无缝融合在专业教学内容之中，引发学生深入思考和共鸣。

六是多视角考核、考试计分方法和学生互评机制引入。课程教学是

---

① 毛婷. 浅谈本科生教学中前沿科技与教学相融合的创新培养模式［J］. 教育教学论坛，2018（16）：1-3.

一个教与学的双边过程，多视角考核应包括对教师教学行为、教师教学过程、学生学习行为及学生学习收获等多维度的考核。一门课程最后学生学习收获应用过程性评价方式，考试计分也应有过程性计分方式，包括平时成绩和期末考试成绩，并且计分比例应向平时成绩倾斜。学生互评机制的引入，可以让学生向同侪学习，提升学习的热情，增强反思能力和评价能力。

课堂教学的最终目标是服务于学生成为有人文素养和政治觉悟、有专业基础知识和技能、有科学思维和创造基础、有团队精神和社会工作能力、有学科前沿知识基础的社会主义建设者。学校应以此为目标，进行课堂教学质量评价，提升本科教学质量。

浅谈以新时代教育评价改革推进高等学校高质量发展

吴　寅

伴随中国特色社会主义建设迈入新时代，中华民族伟大复兴也进入攻坚克难的关键时期，我们对教育和科技的需求与日俱增，对创新和人才的渴求比以往任何时候都要更加迫切。不同的社会经济发展阶段，对教育的目标和定位有着不同的需求标准。随着我国社会主义现代化建设的飞速发展，对教育的理念、作用和定位也产生了质的变化，进而也催生出对教育评价的观念、方法和价值与时俱进的新的时代需求。如何构建起符合我国社会发展水平、满足新时代需要要求的教育评价体系，对于培养德智体美劳全面发展的社会主义建设者和接班人，培育担当民族复兴大任的时代新人，进一步激活人才动力、释放创新潜能，强化国家战略科技力量，提升创新体系效能，实现高水平科技自立自强至关重要。

针对新时代教育评价改革发展的新要求、新挑战，高等学校必须全面贯彻党的教育方针，坚持社会主义办学方向，落实立德树人根本任务，探索出一套遵循高等学校办学规律、发展规律、教育教学规律、科技创新规律、人才培养规律的综合评价体系。

为实现这一远大目标，必须紧密围绕建设高质量教育体系，牢牢把握"人才"关键因素，始终瞄准"创新"目标方向，稳稳坚持"多维"正确方式，不断推进教育评价改革，以教育评价改革牵引教育领域综合改革，为加快建设教育强国、科技强国、人才强国增添动力和活力。

一、把握"人才"关键因素

党的二十大报告提出，教育、科技、人才是全面建设社会主义现代化国家的基础性、战略性支撑。习近平总书记在中央人才工作会议上强调，必须"深入实施新时代人才强国战略，全方位培养、引进、用好人才，加快建设世界重要人才中心和创新高地"。①高校是人才聚集的重要场所，也是培养人才资源的蓄水池，理应自觉肩负起人才自主培养，加快建立人才资源竞争优势的历史重任，为人才成长、培养、发展营造良好的生态，为 2035 年基本实现社会主义现代化提供人才支撑，为 2050 年全面建成社会主义现代化强国打好人才基础。

为充分发挥教育评价在激励人才的成长、发展的过程中的"指挥棒"作用，必须始终重视人才队伍建设，深化对人才事业发展规律的认识，注重人才的多层次、多样性发展，构建科学合理、指向清晰的人才评价体系，让各类人才都具备施展抱负才干的空间和途径，有效发挥人才高地作用。

一是破除"五唯"评价导向。破"五唯"不是完全抛弃原有的指标认可，而是改变以论文、"帽子"确定待遇、配置资源的"一刀切"模式，改变"一把尺子量到底"的简单标准，探索如何真正用好指标体系，重新构建合理的人才评价标准和发展体系，推进分类发展、多元评价工作，激发人才活力潜力，鼓励人才向科学技术的广度和深度不断探索。

二是完善人才流动机制。鼓励学术科研和人才培养的交叉融合，支持人才跨领域、跨专业、跨学科、跨院系合理流通，通过有效提高流动性，促进人才资源配置的合理化。通过定编定岗和绩效考核的方式，促进人才准确清晰定位，为不同类型人才提供更加多元的职业发展路径。通过

---

① 习近平．深入实施新时代人才强国战略　加快建设重要人才中心和创新高地［J］．求是，2021（24）：5.

聘用制改革，促进跨学院、跨专业引进、培养、使用人才，推动专任教师、工程技术人员和管理人员互通互转，逐步探索打破院系、机关、实验室之间的人才壁垒。

二、瞄准"创新"目标方向

创新是引领新时代发展的第一动力，坚持创新发展，必须把创新摆在发展全局的核心位置，让创新贯穿发展的一切工作。高等学校作为创新的重要策源地，既是加快实现高水平科技自立自强的主力军，也是攻克"卡脖子"关键核心技术的国家队。必须摒弃妨碍创新发展的评价方式，树立激发科研人员创新潜能和创新活力的评价标准，不断激励师生"三创"热情，切实提升创新实力，服务国家和地区创新发展。

一是坚持原创性标准。原创性是创新的生命力所在，是科研创新的源头活水。实践反复告诉我们，关键核心技术是要不来、换不来、买不来、等不来的，只有通过原创性的自主创新，特别是基础研究领域的自主创新，才能把关键核心技术掌握在自己手中，才能把创新主动权、发展主动权牢牢掌握在自己手中。必须凸显以原创性创新驱动发展的评价理念，把高质量原创性科研作为评价的立足点，鼓励人才投身原创性科学研究。以绩效奖励等多种方式对原创性创新成果进行支持，不断提升原创性科研成果的质量和水平。瞄准国家重大战略需求，进行有组织的科学研究，激励人才产出重要原创性成果，推动科研创新高质量发展，助力实现高水平科技自立自强。

二是坚持引领性标准。新时代的高等学校必须坚持一流的标准，集中组织力量开展引领性科学研究。科学技术具有世界性、时代性，要始终坚持以取得世界一流的科技创新成果为目标，走向国际舞台、深入国际交流、参与国际竞争，以全球视野谋划和推动创新。要在引领性科技攻关中发现、培育、凝聚人才，努力培养一批具备世界领先水平的战略科学家、科技领军人才、工程师和高水平创新团队，让科研成果更好增进人类福祉，让高校的科学研究为推动构建人类命运共同体作出更大贡献。

三、坚持"多元"正确方式

《深化新时代教育评价改革总体方案》为新时代教育评价改革指明了多元评价的正确方式。高等学校的教育评价改革，应建立健全上下衔接、分层贯通的教育评价制度体系，从师德师风、社会贡献、职称职级等多方面进行全方位考核评价。

一是加强师德师风评价。深入贯彻落实教师职业行为十项准则要求、加强教师思想政治和师德师风建设工作，坚决落实立德树人根本任务，坚持师德第一标准，把师德师风的考核评价摆在十分突出的位置，贯穿到教师的招聘引进、岗位聘任、绩效考核、职务晋升、职称评定、推优评先、表彰奖励等人才培养和使用的全过程当中，严格师德考核，并充分用好考核结果，对师德违规问题"零容忍"并严肃惩处，及时通报曝光典型案例。

二是突出社会贡献评价。要把科研成果对社会的贡献放在科研创新工作的突出位置。要始终坚持"四个面向"，以国家重大战略需求为指引，以地方经济社会发展需求为倒向，不断探索符合贡献社会要求的教育评价体系，充分鼓励人才以适应社会需求的高水平科研成果，为实现中华民族伟大复兴作出卓越贡献。要引导人才要把论文写在祖国大地上，科学研究的成果应切实反映在对国家和地区经济社会发展的直接贡献上。全力支持科研成果转化，将转化的经济效益和社会效益纳入评价体系，激励青年人才创新创业。

三是畅通职称职级晋升。改变传统的评价分类方式，建立多维度的人才发展通道，探索长聘体系、代表作成果评价等不同类别评价方式，鼓励人才"板凳甘坐十年冷"，支持青年人才挑战世界最前沿科学问题，推动人才潜心学术、探索创新。将优秀的教学成果和科研成果分类并举，重视科技转化成果和社会服务业绩，为在教学、科研和社会服务等方面做出突出业绩的优秀人才，架设职称职级晋升的"特殊通道"。激励各类人才各展其能、各尽其才，针对不同系列人才形成处于不同赛道的晋升通道，唯才是举、唯才是用，让不同类型人才都能在合适的赛道上实现自身价值，引导教师持续潜心教书育人。

教育评价改革是一项系统工程，关键是要通过加强党的全面领导，全面贯彻落实党的二十大精神，增强改革担当，努力营造有利于教育评价改革落实落地的良好环境，不断推动高等学校新时代高质量发展。

参考文献：

［1］周湘林.以教育评价综合改革引导和促进高校教师潜心教书育人［J］.中国高等教育，2022（12）.

［2］蒋华林.关于建设高质量高等教育体系的理论认识——基于新时代教育评价改革视域［J］.重庆大学学报（社会科学版），2022，28（4）.

［3］黄达人.新时代高等教育评价改革的特点及思考［J］.河北师范大学学报（教育科学版），2022，24（3）.

［4］于世洁.新时代高校教师考核评价改革的思考［J］.北京教育（高教），2022（6）.

［5］王建慧，陆胜蓝.我国高校教师多元学术评价改革［J］.西部素质教育，2022，8（15）.

加强高校学风建设　服务全民终身学习

向俊青

网络上时常有网友自嘲：人到中年后，才发现高三竟是自己人生知识水平的巅峰期。笑过之后，我们不禁思考究竟是什么让一个人在 18 岁的时候就停下了学习的脚步。北京大学一项调研项目曾追踪国内排名前十的高校里千余名大学生的学习投入状况。结果显示，只有 37.3% 的学生表示了解所学东西对自己所具有的意义，超过 62% 的学生对此不甚明了。当学生不知为何而学，当他们对学习失去敬畏，自然就会滋生很多不端行为，优良学风难以形成，终身学习更是无从谈起。

通过多次走访政府、高校、高中、小学和平常百姓家，经过深入了解和思考分析，笔者认为高校学风建设不足主要源自以下五个方面：

一、诚信教育制度不够完善

在我国，大学生的学术诚信教育是从思想政治教育中分离出来的，偏向于内在道德层面，主要启发学生的诚信自觉、自律。学生的诚信教育归口到教育部思想政治工作司，属于思想政治工作的范畴。2007 年，我国成立国内首个政府科研诚信管理机构——科研诚信建设办公室，主要负责在科研方面出现的不端行为的调查与查处。近几年，国家出台十多部关于学术道德与学术规范文件，如中办、国办印发的《关于进一步弘扬科学家精神加强作风和学风建设的意见》，教育部发布的《关于加强学术道德建设的若干意见》，科技部发布的《关于加强我国科研诚信建设的意见》《科研诚信案件调查处理规则（试行）》等。这些文件，除了 2012 年 11 月教育部颁布的《学位论文作假行为处理办法》，大多数条例的教育适用对象主要是从事学术研究和科研活动的相关教师以及博士研究生、硕士研究生，没有专门针对大学生诚信教育与管理方面的制度规定。在学术团体方面，除了中国科协 2007 年颁布《科技工作者科学道德规范》，对其所属学会、协会、研究会及其科技工作者进行约束，其他学术共同体在学术诚信方面基本没有声明。在我国高校也没有专门的诚信教育管理部门，而是由学生工作部下设的思想教育科来具体负责，诚信教育作为思想政治教育的一部分，由学生工作干部来组织实施，相对比较分散，没有形成相对完善的体系。同时，在诚信教育的形式上也大多采取传统的强制性说教，学生处于被动接受状态，主体参与意识不强。在对失信学生的惩罚上，监督机制也比较缺乏，往往"大事化小、小事化了"，对学生难以形成强有力的约束和威慑。

西方国家里，美国的大学生诚信教育制度相对完善。美国政府设有专门的机构——科研诚信办公室，它有独立的编制和经费，主要负责对大学生学术失信行为进行监督和调查，并受美国政府法律的保障。美国各高校也设有各自的诚信管理机构，制定各具特色的学术诚信管理条例，并通过开展丰富多彩的活动来提升大学生的诚信水平。美国研究型大学联盟、美国医学院联盟等各类学术研究团体也有共同的学术诚信准则，负有判决和惩罚违反学术诚信行为的责任；同时，他们也是各类科学杂志的最大出版商，对发表作品的失范行为具有巨大的监督权和约束力。在美国，无论是政府、学校，还是学术共同体，对学术诚信的内容都有详细的规定，对如何惩处学术失范行为都有详尽的实施细则。同时，他们还将大学生视为学术共同体的成员，学生代表参与制度的制定、听证、申辩到惩戒等全过程，以保证学生的知情权、学术诚信制度的严肃性和权威性。

与此不同，国内鲜有高校将大学生纳入学术共同体，即使有少数高校纳入 1~2 名大学生到学术共同体中，学生也不具有在学校重要事项决策上的投票权。学术共同体也许认为大学生还不具备对于学校规划发展的全局思维。事实上，赋予学生在学术共同体中应有位置和权利不仅能够促进他们积极参与学校事务，同时也从不同角度提高了他们对学术道德、科研诚信等问题的认识和了解，让学生真正感到自己是一个探究者，而不仅仅是一个知识的接收者。

二、社会和家庭诚信教育缺失

受儒家文化的影响，中国的社会关系是建立在家族血缘关系之上，更多的是关注君臣、父子、亲属，公众意识和社会责任意识相对淡薄。同时，一些人缺乏信仰，时常抱有侥幸心理，认为只要犯罪、违规不被查获就是无罪，没有过多的亏欠感和内疚感，导致现实生活中很多失信行为屡禁不止。"毒牛奶""瘦肉精""地沟油"轮番上演，"政绩工程""徇私舞弊""贪污腐化"屡遭披露。"就业率注水""学术剽窃""评估造假"等失信丑闻残酷地冲击着大学在人们心目中的美好形象。

在我国，从小学到大学，大多是应试教育。多数家长只关注孩子的学习成绩，而放松了对孩子道德修养的教化。因此，一些家长对孩子不文明行为视而不见，对违纪行为不加以制止。在日常生活中，也不注重自身诚信意识的示范，在孩子面前不讲诚信。如个别家长为了孩子上好大学，不惜弄虚作假，报假民族、假特长，以获得加分。如此"示范"必将给孩子的诚信品德烙上深深的印记，也为大学时期的诚信教育带来潜在的困难。

美国家庭非常注重教育孩子从小诚实守信，遵守社会诚信约定，塑造健康人格。各类媒体也在经常大量地探讨父母如何在孩子面前以身作则，培养孩子们诚实。一旦孩子出现失信、不文明行为，绝不听之任之，更不袒护，而是循序利导，让孩子知错就改。他们经常鼓励孩子独立、自信、创新，但绝不允许欺骗、不诚实。在美国家庭和学校，孩子最怕的就是教师或家长说他撒谎，他们认为这是一种耻辱。在美国的威斯康星州，政府还把每年5月2日确立为"诚实节"或叫"不说谎纪念日"，以此来纪念和弘扬一个 8 岁的孩子为保持诚实的品格而牺牲的英勇精神。政府机构、学校、社团组织等也不遗余力地推进和维护着整个社会的信用体系。商品的质量、食品的安全都为世人所称道。在这样的社会环境中学习生活，耳闻目睹，学生就会潜移默化地自觉遵守和维护社会诚信约定。

三、高校诚信教育方式有待优化

我国大学生诚信教育是思想政治教育工作的一部分，以启发主体自觉为主，涉及的内容比较广泛，理论性较强。在教育形式上，存在做报告、挂横幅、写保证等形式比较单一、枯燥的现象。书本上说的、课堂上讲的，与现实生活有较大的差距，内容也显陈旧。部分学校诚信教育还停留在期末做考前动员，在学生出现考试作弊时谈话，对欠贷学生做思想工作等。同时，大学校园内缺少诚信榜样的力量，甚至极个别高校存在失信的现象占据"主阵地"，作弊学生得高分获表彰等极端实例。这在一定程度上也给大学生诚信教育做出了负面的"榜样"，出现诚信"倒挂"的现象。

美国大学生诚信教育制度的核心是荣誉制度。它是一种通过学生宣誓和承诺保证在学习、考试以及学术活动中不作弊、不盗窃和不进行学术欺骗的制度。比如：在入学时，有些学校就要求所有入学新生在印有荣誉誓言的录取通知书上签名，做出学术学风诚实守信的保证；也有些学校把荣誉誓言印在学生考试试卷的封面上，答题前先阅读荣誉誓词；还有的学校要求学生签署学术学风承诺书，承诺如若违反荣誉誓言，甘愿接受相关惩罚，等等。同时，美国高校还特别注重学校诚信道德软环境建设，充分利用互联网进行宣传。诚信守则和惩戒制度可轻松查阅和学习，诚信典型案例更是大肆宣扬。除此之外，他们还注重动用社会一切媒介媒体，如国家以及州政府、学术研究团体、行业自律会等，把诚信教育的触角延伸到社会的各个领域，以推进社会的全面诚信。

四、学习模式无法满足终身学习要求

"十年寒窗无人问，一朝成名天下知"，这样的氛围似乎在暗示学生：考上大学就抵达了人生学习奋斗的终点。大部分学生因为抱着这样的想法，进入大学以后放松了对学习的要求，天天打游戏、睡大觉、谈恋爱；上课不听讲、下课不复习，考试只好走歪门邪道。学风不正，一方面是因为学生主观上放弃了对学习的严格要求，另一方面在客观上也是因为义务教育阶段和大学阶段的学习方式的巨大差异，让学生难以适应。义务教育阶段所有的时间由学校老师来安排，学生只需要按照课表来做就好了。大学阶段学校给予了学生充分的规划自身学习安排的自由，对于从未规划过自己的学习安排的学生来说无从下手。

如何解决高中与大学不同学习方式的衔接问题，国内很多高校一直在探索，有的高校加强对学生的"管理"，安排早读、晚自习，甚至还有课间操，学生像木偶一样被固定在碎片化的时间里。这种"后高中式管理"也许能够在短期内提高学生的学习成绩，但是对于学生要成为什么样的人、为什么要学习、学习和达成目标有什么关系并没有实质性帮助，根本无法激发学生内在的学习动力。

对比了中美高校学风差异的原因之后，结合中国的国情，笔者认为应该从以下两个方面去改善高校学风，服务构建全民终身学习的教育体系。

（一）引导大学生适应新的学习模式

从中学教育到高等教育的过渡期间，大学生制订具体的日常学习计划是大一新生面临的第一个重大挑战。因为大学学习模式与高中学习模式的极大差异，使得大一新生很难平衡社会生活和学术业务，有些学生甚至不知道可以从哪里获得帮助来度过这个适应期。根据经验，适应新学习环境方面有困难的学生通常学习成绩较差，他们没有建立有效的学习技能，需要很长一段时间来适应大学生活。美国从高中阶段就由学生根据自己的兴趣和水平来选择课程，在学校提供的课程目录中对于感兴趣的课程可以多选几门，水平高的同学可以选择该门课程的高级课程，这样的选课模式基本和大学的选课模式是相同的，只是范围相对大学课程稍微窄一点。每个学生没有专业的差别，只有年级的差别，提前修完高中所需学分的学生可以申请提前毕业。在这样的模式下，美国的高中生进入大学以后基本没有所谓的适应期，很自然地完成了高中生向大学生的转变。

在中国，我们的大学拥有一支非常有活力的学生工作队伍，年轻的辅导员可以为大一新生提供专业要求、职业机会、费用以及校园内的学生生活等方面的相关建议。这些建议一方面为大一新生提供了顺利的过渡桥梁，另一方面有助于学生工作队伍全面了解大一新生对大学生活的期望。我们应该全面发挥辅导员队伍的主观能动性，在大一新生入学之初积极引导他们尽快适应学习模式的转变，不再依赖老师自主制订符合个人实际情况的学习计划和未来职业规划。

（二）帮助大学生加强时间管理能力

有效的时间管理有助于学生实现自己的目标，避免不必要的活动来分散他们的注意力。时间管理对于学生设定现实目标至关重要，对自己的学习任务有更强的控制能力让学生更容易获得满足感。在高校，本科生面临的挑战是多种多样的，如时间管理不善的学生因为懒惰逃避学习，就认为学术工作很无聊；技术或社交媒体占据了他们的大部分时间，扰乱和消耗学生的时间，导致时间管理不善。时间管理不力不仅会降低毕业机会，而且会提高辍学率。

善于时间管理的学生通常首先完成重要的任务，这给他们更多的时间放松休闲，并有时间做其他事情。时间管理技巧有助于学生制订行动计划，以便及早完成学业工作，同时避免熬夜学习导致睡眠不足。因此，通过讲座或辅导员谈话为本科生提供指导和建议将有助于学生更有效地管理时间，从而提高他们的学术成绩。大学课程设置应该确保大一新生在初入校就学习关于时间管理的相关课程，以增强他们在教育和生活方面迈向更高水平的能力，进而养成终身学习的理念和习惯。

参考文献：

［1］江新华.学术何以失范——大学学术道德失范的制度分析［M］.北京：社会科学文献出版社，2005.

［2］杜鹏，杨燕萍，关晓斌.高校人文社会科学研究工作者学术道德与诚信状况［J］.中国人民大学学报，2012（4）.

［3］陈琼，沈颖，孙中和.国外防治学术不端行为的措施与借鉴［J］.科学新闻，2008（7）.

［4］古继宝，张苗，梁樑.中美学术监督典型机构运行体系的对比及经验借鉴［J］.中国科技论坛，2007（8）.

［5］贾万刚.审视大学学术道德失范的三大根源［J］.现代教育科学，2007（4）.

"双一流"建设学科监测指标体系视角下师德师风建设路径探析

许欢欢

　　2015年,中央全面深化改革领导小组会议审议通过、国务院印发《统筹推进世界一流大学和一流学科建设总体方案》。自此之后,新时代高等教育建设有了具体的指导思想、行动纲领和工作方针。2020年发布的《"双一流"建设监测指标(试行)》则提供了具体的指标体系,"双一流"建设更加细化。新时代以来,党和国家高度强调教育的根本任务是立德树人,这一任务在"双一流"建设方案和指标体系中有明确的体现。"立德"有两个方面的内涵,基础是教师的师德师风,目的是提升受教育者的品德,因此教育者首先要"以德立身、以德立学、以德施教"。[1]于是,"双一流"建设与师德师风的相关研究,受到学者一定程度的关注。[2]但这些研究大多采用"双一流"的背景或者是视角,并没有将其放置到评价指标体系中观照和分析。

---

　　① 戴锐,曹红玲."立德树人"的理论内涵与实践方略[J].思想教育研究,2017(6):9-13.

　　② 刘丽军,刘洋,段兴桥."双一流"背景下高校师德师风建设探究[J].河北青年管理干部学院学报,2019,31(4):50-53;徐荟华."双一流"建设视域下高校师德师风建设研究[J].改革与开放,2019(17):97-101.

一、"双一流"建设学科监测体系基本情况

建设世界一流大学和一流学科（以下简称"双一流"建设）是以习近平同志为核心的党中央做出的重大战略决策部署，是新时代我国高等教育强国建设的引领性、标志性工程。2022 年 1 月，教育部、财政部、国家发展改革委联合发布了《关于深入推进世界一流大学和一流学科建设的若干意见》，强调要突出培养一流人才、服务国家战略需求、争创世界一流的导向，深化体制机制改革，统筹推进、分类建设一流大学和一流学科。

依据《关于深入推进世界一流大学和一流学科建设的若干意见》文件精神，教育部秉承"用数据说话、用事实说话"的监测理念，遵循"战略导向、一流引领、突出重点、呈现状态"的基本原则，坚守"保持基本稳定、紧跟时代步伐、减轻学校负担"的根本宗旨，对"双一流"建设监测指标体系做了相关修订。

修订后的监测指标体系包括"双一流"建设大学监测指标体系和"双一流"建设学科监测指标体系。"双一流"建设大学监测指标体系（高校填报）共有 12 个监测项目、22 个监测要素、56 项监测点；36 项定量指标、20 项定性指标。"双一流"建设学科监测指标体系（学科填报）共有 5 个监测项目、14 个监测要素、35 个监测点；28 项定量指标、7 项定性指标。

在"双一流"建设大学监测指标体系中，编号为 D03 的"建设一流师资队伍"监测项目共有三个要素，首个便是"师德师风建设"，核心监测点为"高校师德师风建设情况写实"。在"双一流"建设学科监测指标体系中，编号为 X03 同样有"建设一流师资队伍"的监测项目，设有四个监测要素，核心监测点与前者也是一致的。在两个指标体系中，师德师风有内在逻辑的一致性，因其都在"建设一流师资队伍"项目中占据首位，排在专任教师队伍建设之前，强调"以德为先"，与十八大报告所提出"把立德树人作为教育的根本任务"的要求是高度吻合的。

101

但在具体内容方面，两者有所不同，"双一流"建设大学监测更强调高校主体责任的落实，而"双一流"建设学科监测更注重学科内教师的正面和反面的典型（见表1）。两者各有侧重，这与"双一流"大学和学科的各自关注重点保持内在的一致性。

表1 "双一流"建设大学和学科师德师风监测对比表[①]

指标体系	主体	师德师风监测点内涵	详细说明
"双一流"建设大学监测	高校	包含高校落实主体责任，在师德教育、宣传、考核、监督、奖励、惩处等方面的制度规范及举措	
"双一流"建设学科监测	学科	学科在师德教育、宣传、考核、监督、奖励、惩处等方面的制度规范及举措	
		入选全国优秀教师先进典型情况	全国教书育人楷模、全国最美教师、时代楷模、全国模范教师、全国优秀教师、黄大年式教师团队等
		师德师风负面清单等	教师因违反法律法规、师德师风、学术不端等被查处或通报的情况

二、高校师德师风建设工作现状

人才培养，关键在教师。党的十九大报告指出："加强师德师风建设，培养高素质教师队伍，倡导全社会尊师重教。"[②]党的十九届六中全会指出："全面贯彻党的教育方针，坚持优先发展教育事业，明确教育的根

---

① 表格来源：2020年《"双一流"建设监测指标体系》。
② 习近平.决胜全面建成小康社会 夺取新时代中国特色社会主义伟大胜利——在中国共产党第十九次全国代表大会上的报告［N］.人民日报，2017-10-28(001).

本任务是立德树人，培养德智体美劳全面发展的社会主义建设者和接班人，推动高等教育内涵式发展，办好人民满意的教育。"①站在新的历史起点，党和人民对教育事业的要求有了更高的标准，而教师队伍素质直接决定着大学办学能力和水平。

党和国家历来高度重视师德师风建设，出台了多项关于教育职业规范的法律法规和意见，如《中华人民共和国教师法》《中华人民共和国教育法》《高等学校教师职业道德规范》《教育部关于高校教师师德失范行为处理的指导意见》《教育部等七部门关于加强和改进新时代师德师风建设的意见》《教育部等八部门关于加快构建高校思想政治工作体系的意见》《教育部等六部门关于加强新时代高校教师队伍建设改革的指导意见》《中共教育部党组关于完善高校教师思想政治和师德师风建设工作体制机制的指导意见》等，对高校教师队伍建设、师德师风提出了一系列要求。各大高校对师德师风建设也愈加重视，主要从以下方面开展工作：

（一）领导机制和制度保障

高校一般成立了师德师风建设领导小组，有些学校还根据《中共教育部党组关于完善高校教师思想政治和师德师风建设工作体制机制的指导意见》文件精神，率先成立了党委教师工作委员会，基本形成学校党政一把手亲自抓、分管领导具体管、部门分工协作、院系具体落实、教师自我约束的工作格局。同时通过出台相应文件制度提供强有力保障，形成上下统一认识，共同参与，多管齐下，确保工作机制运行顺利有效。

（二）树立正确的教育理念

各大高校形成了各自具有特色的教师思想政治与师德师风的教育培训体系。比如为新入职的教职工开展岗前培训，将四史学习、总体国家

---

① 中国共产党第十九届中央全会第六次全体会议文件汇编［M］.北京：人民出版社，2021：75.

安全观、筑牢中华民族共同体意识、爱校荣校、师德师风、教育知识与能力、教师职业发展等纳入培训课程，强化教师爱岗敬业奉献精神，引导教师树立正确的价值观，尽快掌握教学方法，在教学科研实践中遵守教师职业行为准则。

（三）建立科学全面的考评体系

习近平总书记强调"评价教师队伍素质的第一标准应该是师德师风"。[①] 在新形势下，各大高校普遍建立起较为完备的教师考核和监督体系，将教师思想政治素质和师德师风考察纳入教师职业发展全过程。首先在人才引进、教师招聘等工作中，从源头上把关，确保教师的政治觉悟、道德素质和专业能力。其次，在教师职业发展中，紧盯职称评审、导师遴选、评奖评优、项目申报、编写教材等重点环节，加强部门间信息共享与工作联动，综合全面地对教师思想政治和师德师风进行审核把关。最后，在教职工年度考核、聘期考核中强化师德考核，增强师德考核的刚性约束，促进教师遵守师德规范的行动自觉，引导其积极主动融入教育教学。

（四）发挥典型引领的示范作用

各大高校非常重视师德典型的选树宣传，通过典型引领示范，形成群体性学习效应。近年来，高校教师队伍中的"四有好老师"不断涌现，有人民教育家于漪、卫兴华、高铭暄等，有全国教书育人楷模黄大年、卢永根、钟扬等，他们的事迹广为宣传报道后，引发强烈反响。各高校还结合学校自身实际，通过定期评选"师德标兵""我心目中的好导师"等活动，选树优秀典型、大力弘扬宣传优秀教师先进事迹，集中展现了新时代教师风采，引领广大教师群体争做师德高尚、潜心育人的"大先生"，在全社会范围内营造了尊师重教良好氛围。

---

① 习近平.在北京大学师生座谈会上的讲话［M］.北京：人民出版社，2018：9.

三、围绕"双一流"建设指标推进师德师风工作路径探析

（一）加强组织领导，建立师德师风建设长效机制

在机构设置方面，党的十九大以来各高校认真贯彻落实相关文件精神，相继成立了党委教师工作部，作为学校党委下设的二级部门，代表党委履行党管教师工作的职能，发挥在教师思想政治工作和师德师风建设中的统筹作用，整体运行良好，各项工作有序推进。在工作内容方面，党委教师工作部围绕教师思想政治和师德师风建设的工作中心，通过完善制度建设，强化各类专题教育培训，积极选树弘扬师德典范以及严格违规违纪惩处等工作内容来全面推进教师思想政治建设、师德师风建设、业务能力建设的有机统一和相互促进。但是当前只有部分高校成立了党委教师工作委员会，为进一步落实师德师风第一标准，各高校应加强党对教师工作的全面领导，尽快成立党委教师工作委员会，强化政治引领，构建党委集中统一领导，党政齐抓共管，教师工作部门统筹协调，各部门履职尽责、协同配合的大教师工作格局，建立健全学校党委、院系党组织、教师党支部三级联动的教师工作机制。

（二）压实主体责任，提升师德师风建设工作质量

近年来，国家印发高校教师队伍建设改革指导意见，修订高校基层组织工作条例，还在部属高校常规巡视中嵌入教师思想政治和师德师风建设工作专项检查，开展师德师风问题线索销号落实专项行动，师德师风建设工作取得阶段性成果，但也必须看到，高校师德师风建设工作"上热中温下凉"问题依然存在。因此，需进一步明确学校学院、党委行政、组织个人等各方负有的师德建设责任。2018年教育部出台《新时代高校教师职业行为十项准则》和《教育部关于高校教师师德失范行为处理的指导意见》，要求进一步夯实学院基层责任，学院要深刻认识到师德建设的重要性，不能权由院行、责由校担；针对有的行政领导认为师德建

设属于党务事宜,《新时代高校教师职业行为十项准则》进一步明确党政同抓共管,师德建设党政同步发力,协同育人;针对失范行为处理的主要是教师个体,但对所在学院也有明确问责机制。基层党组织要强化教师党支部政治功能,发挥教师党支部教育、管理、监督党员和组织、宣传、凝聚、服务师生的作用,尤其是在教师招聘引进、职称评聘、人才遴选、考核评价、项目评审等日常工作中做好政治和师德双把关,激励党员教师在师德师风建设中要发挥更大的先锋模范作用。其他相关部门要通力合作,分工负责,结合业务工作共同做好教师思想政治和师德师风建设工作。

(三)丰富内容形式,推进师德教育宣传日常浸润

教师思想政治工作和师德师风建设要紧扣时代脉搏,紧密联系教师实际,强化日常教育浸润,强化思想引领和师德感召,锻造高素质教师队伍。在宣传表彰方面,近年来,国家表彰宣传了 3 位"人民教育家"、9 位"时代楷模",推选出数百名全国教书育人楷模和最美教师,集中表彰 2 000 多名全国模范教师和优秀教师。各大高校应在主旋律下积极选树师德典范,继续挖掘身边可学可做的教师优秀典型,弘扬正能量,以师德优秀典型引领教师见贤思齐,引导广大教师学做师德楷模,从"被感动"到"见行动"。在理论武装方面,各高校要深入学习贯彻习近平总书记关于师德师风的重要论述,引导广大教师学深悟透习近平总书记对广大教师的殷切嘱托,内化于心、外化于行,同时将学习《新时代高校教师职业行为十项准则》作为必修内容,全面纳入教师聘用、教师资格认定、新教师入职培训和在职教师日常培训,做到全员全覆盖、应知应会、必会必做。在内容形式方面,各高校除了常规的讲座、论坛、沙龙、报告会之外,要与时俱进地创新教育形式载体,及时丰富更新师德教育内容,积极推出展现新时代风貌的教师题材的师德教育内容,如近些年部分高校围绕全国优秀教师拍摄的《黄大年》《李保国》《朱英国》等一批高水平影视剧作,充分运用全媒体平台进行推广,起到了不错的

教育效果。今后应继续教育引导方法的创新，进一步突出时代特色，提升师德教育的感染力、引导力和影响力。

（四）细化师德考核，落细落实师德师风第一标准

师德师风是评价教师队伍素质的第一标准，也是评价教师素质的第一标准，是学校管理工作的第一责任。加强师德考核，就是要在教师招聘引进、职称评审、岗位聘用、导师遴选、评奖评优、聘期考核、项目申报等各个环节中，落实师德师风的首要要求和第一标准。这就需要各高校适应"双一流"学科评估新趋势，认真研究"双一流"建设学科监测指标体系，改变以科研或教学业绩为主的评价机制，科学设计师德评价指标，实现师德考核评价多元化，避免"功利主义"趋利性价值取向。由于师德评价指标难以量化，主观性较强，目前各高校师德考评体系大多为评定等级而非直接评分，定性评价为主，建议各高校今后应进一步结合学校实际，明确"师德失范行为负面清单"，将教师教书育人效果列为考核的核心指标，把认真履行教育教学职责作为评价教师的基本要求，提高教学业绩和教学研究在评审中的比重。

（五）严肃监督惩处，完善失范行为处理互鉴机制

加强师德师风建设，总的工作方向是"德法并举"。近年来，教育部出台了《高校教师职业行为十项准则》和《研究生导师指导行为准则》，印发《教育部关于高校师德失范行为处理的指导意见》，出台七部门《关于加强和改进新时代师德师风建设的意见》。各高校立足实际，制定实施细则办法，为教师的思想政治和师德师风划定底线和禁行行为。然而，师德失范事件仍时有发生，在对具体的师德失范行为处理上，有些高校没有严格按照"十项准则"和高校指导意见来执行，处理尺度轻重不一。特别是有些学校对"学术大牛"和有"人才称号"的涉事教师惩处"宽松软"，追责不到位，存在"护犊子"倾向；有些学校面对舆情不知所措或过度反应，为了应对舆情对涉事教师处理过重，使正当的教育惩戒变成为平息舆情而过度惩戒。下一步，建议各高校建立师德失范行为

事前、事中、事后的监管网络,加大警示教育力度,不能简单以通报案例代替组织教师讨论、剖析原因、查摆自省,要结合师德违规问题对照"十项准则",强调课堂教学、关爱学生、师生关系、学术研究、社会活动、公平诚信、廉洁自律等方面的正面规范和负面清单,引导教师以案明纪,做到警钟长鸣。建议教育部牵头针对不同类型学校出台针对性指导意见,增强对各级各类学校的帮扶指导,实现同类同性质失范行为在不同学校处理尺度保持相对一致。

四、结　语

教师身处"三尺讲台",站在育人最前线,一言一行都给学生以极大影响,教师的思想政治素质和道德情操对学生的健康成长具有重要的示范引导作用,直接决定了育人的"土壤"和政治生态。"双一流"建设的关键在于教师队伍的建设,而教师队伍建设的根本在于师德师风建设。"双一流"建设作为新时代高等教育的重要发展战略,为高校师德师风建设赋予了新理念和新内涵,各高校应按照"双一流"建设要求,转变观念、与时俱进地推进师德师风建设。

"双一流"高校大学生综合素质评价探究

余 亮

建设教育强国是中华民族伟大复兴的基础工程，教育评价事关教育发展方向。2020年10月，中共中央、国务院印发了《深化新时代教育评价改革总体方案》（以下简称《总体方案》），明确了高等教育的"两个根本"，即立德树人是高校的根本任务、立德树人成效是检验高校一切工作的根本标准。高校是人才培养的前沿阵地，大学生综合素质评价是高校办学成效评价的重要组成，具有导向功能、激励功能、纠偏功能、强化功能。2022年2月，教育部等公布《第二轮"双一流"建设高校及建设学科名单》。"双一流"高校作为我国高等教育的"第一方阵"学校，是国家科技创新和高层次人才培养的重要基地。探究"双一流"高校大学生综合素质评价，推进建立一套科学、合理、适用、有效的大学生综合素质评价体系，已经成为"双一流"高校深化大学生培养改革、促进高等教育内涵式发展的重要任务。

一、大学生综合素质评价的价值

大学生综合素质评价是高校根据党的教育方针，依据科学评价标准，采取合理的评价方法，对高校大学生在一定时期内的德育、智育、体育、美育、劳育、心理、能力等素质进行综合性表征性评价，实现对大学生成长过程及其影响因素进行全面分析，以期达到教育价值增值的目标。[①]

深化"双一流"高校大学生综合素质评价具有重要价值。

（一）有利于国家培养一流人才

"双一流"高校是一流人才培养的主阵地。进入新时代，国家和社会对人才培养提出了更高的要求。《总体方案》强调"改革学生评价，促进德智体美劳全面发展"。开展大学生综合素质评价，使教育、实践、评价、反馈形成完整闭环，有利于深化高等教育改革、推进素质教育实施，有利于落实"德智体美劳"五育要求、培养更多优秀的人才。[②]

（二）有利于高校优化培养方式

大学生综合素质评价反映了高校人才培养理念和目标，是"双一流"高校办学内涵表现。[③]高校通过对大学生进行准确、及时、客观、公正的综合素质评价，为评定奖学金、推荐免试研究生等提供客观依据，有利于及时发现当前学生教育中存在的共同问题，积极深化教学改革、创新人才培养模式，促进人才培养内涵式发展、高质量提升，推动学校人才培养工作的科学化和规范化。

（三）有利于学生提升综合素质

综合素质评价是大学生的一面"镜子"，已经成为大学生自我评价、自我认知、自我管理、自我提升的重要方式。[④]综合素质评价有利于激发

---

① 李娜.大学生综合素质评价体系构建与完善［J］.教育教学论坛，2016（28）：56-57；陈安琪.新型大学生综合素质评价体系探究［J］.科教文汇，2015（3）：180-181.

② 陈睿，许蓓蕾，黄芳.大学生综合素质评价体系的构建［J］.高校辅导员学刊，2018，10（4）：64-68.

③ 王文章，张文明，郑文栋.新时期综合素质测评对大学生思想价值引领的作用发挥探究［J］.高教学刊，2021（15）：168-171.

④ 李娜.大学生综合素质评价体系构建与完善［J］.教育教学论坛，2016（28）：56-57.

大学生成长和发展的内生动力，引导大学生在思想道德、专业素养、科学精神、人文素养、身体素质、实践创新、国际视野等方面不断提高；[①]有利于大学生找准不足、精准分析，采取有针对性的提高策略，达到以评促建、以评促改的效果。

二、当前大学生综合素质评价存在的问题

（一）评价导向作用不够突出

大学生综合素质评价成为决定大学生评奖、推优、保研、就业等工作的主要依据；但综合素质评价强调甄别、选拔的作用，一定程度上弱化了导向、激励、改进和发展等功能。现行评价在注重评价结果运用的同时，淡化了对大学生学习成长过程的关注与评价。评价的导向作用不够突出，一定程度上导致其所推动的学生自我进步的内驱力不够明显。[②]

（二）评价对象覆盖不够全面

部分高校只针对参与评优评先的大学生进行综合素质评价，大学生可以自主选择是否参加评价，没有实现全体大学生全覆盖；部分"中间地带"的大学生综合素质评价缺失，甚至部分大学生没有参加过综合素质评价，导致评价结果对学生的影响范围小、作用小。[③]

（三）评价内容体系不够完善

部分高校大学生综合素质评价体系缺乏办学特色，大学生综合素质

---

① 张君博，白延军.大学生综合素质四维评价体系探讨[J].时代文学（下半月），2015（5）：146.

② 李少荣.大学生综合素质评价制度的反思与创新[J].陕西理工大学学报（社会科学版），2019,37（2）：59-63.

③ 陈安琪.新型大学生综合素质评价研究[J].科教文汇（下旬刊），2015（3）：180-181.

评价体系同质化严重。部分高校普遍以专业学习成绩作为评价大学生的主要客观指标，一定程度上存在着如下问题：智育成绩在综合评价总成绩中占比过重，而学生思想政治素质、创新实践能力等的拓展性素质占比偏低；思想道德素质类的评价雷同，意识形态问题重视程度不够；第一课堂和第二课堂有机融合于评价体系不明显；跨专业、跨学科学习和个体多元化发展引导不足，等等。

（四）评价方式运行不够科学

在传统培养模式下，大学生评价体系重智育、轻德育，重专业、轻素质，重知识、轻能力，传统"标准化"人才评价方式已经不适应现代经济条件下对"复合型"人才的评价需要。当前，高校对大学生综合素质评价中存在过分注重定量评价的倾向，忽视了对学生的定性评价；在实际操作中，思想政治素质、组织能力、创新实践能力等方面难以量化成数据或者分数。而部分高校在定性评价中，学生自我评价、教师评价和同学评价等方式依赖评价主体的主观意愿、个人情感等，容易导致评价过程不公平、评价结果不科学的问题。[①]

（五）评价制度实施不够规范

在评价实施中，高校部分院（系）及培养单位对大学生综合素质评价的核心素质、指标内涵、功能定位、评价方法、参与主体、权重赋分等诸多要素无法形成稳定共识。[②]现行大学生综合素质评价方法一般采用线性加权法，评价内容主要包括大学生国家认同、人文底蕴、健康人格、创新探索等方面，很难体现真正的评价属性；忽视专业类别和学生个性的差异，用共性的标准来衡量大学生。

---

① 李娜 . 大学生综合素质测评体系构建与完善［J］. 教育教学论坛，2016（28）：56-57.

② 李少荣 . 大学生综合素质评价制度的反思与创新［J］. 陕西理工大学学报（社会科学版），2019，37（2）：59-63.

（六）评价理论研究不够深入

目前已有的高校大学生综合素质评价相关研究较大程度上集中在运用数理方法构建评价指标或运用网络技术手段开发评价系统，对高校大学生综合素质评价的相关理论问题未能有系统化的思考，研究的深度和广度都略显不足，综合素质评价的相关理论研究与实践研究联系不够紧密，未能实现理论对实践的有力指导。[①]

三、共构"双一流"高校大学生综合素质评价的体系

大学生综合素质评价是大学生成长成才的"指挥棒"和"风向标"。高校要立足于党的教育方针，围绕落实立德树人根本任务，根据学校实际情况，遵循大学生成长成才规律，构建科学、合理、客观、公正、全面的评价体系，设计、组织、实施评价活动，分层、分类、分时段开展评价工作，及时发现问题、分析问题、解决问题。

（一）评价理念

高等教育评价注重以结果、目标、问题为导向，以提升人才培养质量为首要任务，推动建设以质量提升为目的的内涵式发展质量评估体系。[②]《总体方案》强调，要坚持以德为先、能力为重、全面发展，坚持面向人人、因材施教、知行合一，坚决改变用分数给学生贴标签的做法，创新德智体美劳过程性评价办法，切实引导学生坚定理想信念、厚植爱国主义情怀、加强品德修养、增长知识见识、培养奋斗精神、提升综合素质。"双一流"高校办学理念决定人才培养理念，决定大学生人才评价思路和做法。综合素质评价是大学生参与高校教育活动的重要评价手

---

① 王雯雯.高校学生综合素质评价研究——以 H 大学为例［D］.河南大学硕士学位论文，2020.

② 林宝灯.近十年我国高等教育评价研究现状与前沿演进——基于 Cite Space 知识图谱的可视化分析［J］.西安民族大学学报，2022（5）：233-240.

段，蕴含着学校办学内涵和发展思路。高校具有自身独特的发展历史、独特的校园文化、独特的办学内涵，大学生综合素质评价体系要具有前瞻性和时代感，体现先进的教育思想和理念，引导学生在知识、情感、态度、价值观等多方面不断学习、磨练、体悟和升华，学会做人、做事、求知与共处，做到知、情、意、行的统一。

（二）评价体系

大学生综合素质评价要通过全方位的系统设计、整体优化，把思想道德素质、人文与科学素质、专业知识与能力素质、身体与心理素质、实践创新素质等素质要求，变成管理者、教师和学生易于理解的规范，建立具备鲜明的实践品格和与时俱进的理论品质的评价制度，全面提升大学生思想素质、道德风尚、人文素养、审美情趣、生命意识、理性思维。[①]大学生综合素质评价主体应坚持多元化，构建由多个评价主体共同组成的多元评价小组，共构由大学生本人、学生代表、班干部、任课教师代表、辅导员、实践实习单位代表等共同组成的评价队伍，必要时候可以引入第三方评价机构。[②]多元化评价主体参与使得评价更加全面、客观、及时、有效，能够最大限度地反映评价客体本来的属性，真实地还原评价客体的原貌，以确保评价结果真实有效。"双一流"高校要主动适应人工智能时代发展，加强评价信息化建设，充分运用信息化手段；要尽可能全面搜集和记录学生有个性化特点或代表性的成长信息，善于利用网络科技手段建立学生的成长信息记录系统，并利用大数据科技科学地分析学生的评价信息，对大学生的发展状况进行客观的价值判断。[③]

[①] 李少荣.大学生综合素质评价制度的反思与创新［J］.陕西理工大学学报（社会科学版），2019，37（2）：59-63.

[②] 王雯雯.高校学生综合素质评价研究——以 H 大学为例［D］.河南大学硕士学位论文，2020.

[③] 王雯雯.高校学生综合素质评价研究——以 H 大学为例［D］.河南大学硕士学位论文，2020.

（三）评价原则

一是导向性原则。评价标准是大学生的行动指南,对学生的人格养成、全面发展、成长成才起到导向性作用。评价体系要紧密围绕落实立德树人根本任务,从思想道德教育、文化知识教育和创新实践能力培养等环节着手,围绕高校人才培养目标,充分调动大学生的主观能动性,激发大学生内生动力,引导和鼓励大学生对标对表、奋力拼搏。

二是科学性原则。评价体系需要具备可量化、可采集、可操作、可比较等特点。[①]评价体系要充分考虑不同学科、不同院系、不同专业、不同年级学生的发展需求和差异,评价指标要从大学生学习、生活、实践中获取可供测量和评比的信息,合情合理、切实可行,客观、准确、真实地反映大学生的实际情况。

三是客观性原则。客观性包括指标体系客观、价值标准客观、评价方法客观、信息收集和评价客观等。评价实施要对大学生的素质进行客观公正的评价,尽量减少人为、主观评价的比重,或者通过科学的统计方法降低人为、主观评价对于最终评价结果的影响。[②]

四是全面性原则。综合素质评价包含多个层次的评价指标,是多方面共同作用的结果。评价体系要全方位、多角度、深层次地反映大学生综合状况。全面性体现在指导思想、指标设定、权重分配、信息收集、评价过程等方面,要系统关注学生的思想、素质、创新思维等综合素质情况。

五是民主性原则。综合素质评价实施过程中要始终坚持"公平、公正、公开"原则。公平原则要求平等对待评价对象;公正原则要求评价主体公正实施;公开原则是指在评价过程中应当及时公开评价,增强透明度,

---

① 郑红朝.如何构建大学生综合素质评价指标[J].高教论坛,2019(14):19-20.

② 陈睿,许蓓蕾,黄芳.大学生综合素质评价体系的构建[J].高校辅导员学刊,2018,10(4):64-68.

让大学生积极参与、主动监督。

六是动态性原则。大学生全面发展是一个动态的变化过程。综合素质评价强调在学生发展过程中对大学生发展全过程的动态关注，既重视学生的现在，也要考虑学生的过去，更着眼于学生的未来，以发展的眼光来评价大学生。不仅要做学生某一阶段的相对稳定的横向比较，还必须做纵向发展的过程评价，对学生各阶段的评价结果进行综合分析，实现对学生综合素质发展的动态分析。

（四）评价内容

一是思想政治素质。思想政治素质是大学生必备的基本素质，包括政治正确、遵纪守法、品德高尚、身心健康等指标。高校要把大学生的思想政治素质作为评价的第一指标，培养大学生的家国情怀、时代使命、社会担当。良好的身体素质和健康的心理素质是大学生应该具备的基本素质，要引导大学生加强体育锻炼，强健体魄；引导大学生主动学习心理健康知识，注重心理品质建设。

二是专业学习素质。专业知识和技能是大学生成才的基础，智育素质是大学生综合素质的基础。大学生综合素质评价要立足于大学生课程学习能力、学习态度、学习水平等方面，以学分和绩点为体现，来衡量学生学习的质和量。课程学习成绩聚焦大学生参加所修专业教学计划规定的必修课程、选修课程以及辅修课程的学习和所取得考核的成绩，引导大学生不断充实扩展自己的知识结构体系。

三是创新实践素质。实践与创新能力是指大学生在学习、工作、科技和社会活动中所表现出的创新素养以及运用所掌握的知识分析和解决实际问题的能力，主要考察大学生在发表学术论文及文学、艺术、新闻等作品，科技发明与大学生科研，学科竞赛与文体竞赛，社会活动与社会实践等方面获得的成果。评价指标要充分考虑大学生参与科研活动、学科竞赛、社团活动、志愿服务、创新创业、社会实践等情况。

（五）评价方式

一是过程评价和结果评价相结合。大学生综合素质评价要将过程性、形成性评价与结果性、总结性评价相结合，不仅关注评价结果，也要关注形成过程，更注重学生的自我发展状况，全过程、全方位了解大学生参与日常学习生活中的投入水平、参与深度、贡献力度，将评价的过程与结果并重。

二是定量评价和定性评价相结合。大学生综合素质评价要将定性评价和定量评价并重，可以采用学生自评、学生互评、任课教师评价、导师组评价、辅导员评价等方式进行定性评价，根据学生的学习成绩、科研活动、学科竞赛、文体活动等获奖的情况进行定量评价。

三是整体评价和个体评价相结合。评价将全面性、整体性评价与个性化、差异性评价两种评价形式相结合，体现学生全面发展和个性特点状况的评价。既关注学生的学习能力发展，又注重学生综合能力发展；既重视第一课堂的评价，又兼顾第二课堂评价。[①]

四是动态评价和状态评价相结合。动态评价是指对于大学生发展状态进行评判；状态评价是对大学生已经达到的水平和所处状态进行评价。动态评价更关注大学生成长发展的日常表现、成长状态。高校要发挥动态评价的教育和改进功能，引导大学生关注形成性评价的作用与价值，针对具体的评价结果及时改进并调整发展方向。

---

① 王雯雯.高校学生综合素质评价研究——以 H 大学为例［D］.河南大学硕士学位论文，2020.

深耕评价改革　聚力内涵发展

——武汉大学学院（系）目标管理考核体系的建立与完善

曾　昕

2020 年中共中央、国务院印发《深化新时代教育评价改革总体方案》（以下简称《总体方案》），武汉大学加强顶层设计，将教育评价改革工作作为学校提升治理能力、推进综合改革、谋划"十四五"事业发展、建设世界一流大学进程中的关键环节去推进，根据《总体方案》要求及深化校院两级管理体制改革精神，学校制定《武汉大学学院（系）目标管理考核办法（试行）》，建立并不断完善武汉大学学院（系）目标管理考核体系，进一步优化学校综合考核评价体系。

这一评价体系的建立是武汉大学在校院两级管理体制改革实践的基础上，旨在全面贯彻落实总体方案精神，全面贯彻党的教育方针，完善立德树人体制机制，破除制约高等教育发展的体制机制性障碍；建立和完善科学、公正、多维度、全覆盖、长周期的高校综合性评价机制的一次有力尝试和探索，希望通过这一改革助力学校进一步理顺校院（系）关系，加快完善中国特色现代大学制度，推动中国特色、世界一流大学建设迈出更大步伐。

武汉大学目标管理考核体系实施以来，学校不再每年评价考核学院发展情况、调整分配方案，也不再单一地针对学科评估指标、科研成果数量进行考核，而是加强对学院（系）年度目标全过程综合考核，通过聚焦核心指标、强化内涵发展，建立健全以三年为周期的综合评价与年度测评相结合的考核机制，引导学院对标一流建设、高质量发展，学院的办学水平和发展质量逐步提升。

一、主要举措及特点

（一）致力于提升评价体系的科学性

《总体方案》指出，教育评价应该是客观的、准确的、公平的、公正的，应该具有科学的理性。教育评价的方法、手段和标准都应该科学化。为此，要不断创新评价工具，改进结果评价、强化过程评价、探索增值评价、健全综合评价，切实发挥教育评价的导向、鉴定、诊断、调控和改进作用。武汉大学学院（系）目标管理考核体系将对学院（系）的综合考核划分为党建工作、事业发展、核心指标和负面清单4个大类，并将事业发展进一步划分为人才培养、科学研究、师资队伍与学科建设和学院管理4个小类别，近百项考核指标，打破以往单纯重视结果、数数量的单一考核体系，力争能够在考核中涉及学院（系）建设发展的各个方面，开展重过程、多维度、全覆盖的系统、规范的长周期考核。鼓励院系聚焦主业，高质量发展。在全面优化升级整体考核体系的同时，也注重对每一个单项考核指标的设置，力争做到科学合理。

1. 人才培养

在对院系人才培养工作进行考核时，突出人才培养的核心地位，人才培养考核指标数量最多、权重占比最高。在指标设置中注重强化过程评价，对院系招生工作、教学状态、实习实践、实验室建设、学生管理服务工作、职业生涯教育、就业创业指导等工作进行全过程、全链条考核与评价。同时，注重考核的多元评价、多方参与。在考核院系人才培养工作时，不仅参考相关管理部门的考核与打分，也将学生对院系人才培养工作的满意度作考核的主要内容，倾听学生心声，直接了解学生的意见与诉求，保障考核结果的全面和有效。

2.科学研究

在对院系科学研究工作进行考核时突出质量和贡献度的评级，重视成果形式的多样化、多元化以及与国家社会经济发展建设的结合程度，进一步鼓励院系在科学研究工作方面的积极性，取消直接依据 SCI 论文的相关考核指标；删除国际著作至上的相关指标；修订咨询报告、学术著作、智库成果、成果转化、发明专利、标准制定等考核指标，着重对院系科研工作进行贡献度、创新性的考核和评价。

3.师资队伍与学科建设

在对学院师资队伍建设的考核和评价中摒弃唯帽子、数数量的顽瘴痼疾，注重师资队伍建设，主要考察院系教师队伍建设的协调性、考察院系对教师培养的支持与投入，针对学科特性的不同，对不同学科人才评价标准进行差异化定制，尊重人才成长的周期性。

在对学科建设的考核与评价中，加强对顶层设计的考察，关注学科的整体发展水平和成长度、提升度；同时注重多元评价，以中国特色学科评价为主，参考国内外第三方评价，力争做到对院系学科建设工作评价的客观与公正。

4.学院管理

在对学院管理的考核中，注重对学院管理机制体制完善和创新的考核与评价，从行政管理与服务、财务管理、安全管理几个大方向入手，以三年为一个周期，考核学院在完善制度建设、提升管理服务水平、优化办学环境、加强国际化建设等方面的推进工作；鼓励学院聚焦特色发展、开放发展，进一步优化武汉大学校院两级管理体制改革，完善校院两级治理体系，促进高校治理的进一步现代化。

（二）不断探索和优化评价体系的个性化

教育的根本任务是立德树人，个人的发展都是有其独特的个性化特征的，不可能是一个模板、整齐划一地发展。而作为高校人才培养主阵地的院系，也会因学科差异和发展基础的不同而实践和探索出独具个性的发展路径。因此，在对院系进行考核和评价的过程中，除了要考虑其在教育发展中的共性指标，更应注意其个性指标，不断探索考核体系的个性化实现方式。

武汉大学目标管理考核体系，通过对核心指标的考核来实现对学院的个性考量。在考核体系中设置拔尖人才培养成效、一流科学研究成果以及高水平队伍建设成就 3 大类核心指标。在对核心指标进行考核时，不进行简单重复的计件考核，而是坚持质量优先、注重实效，重点关注院系在人才培养、科学研究和队伍建设上的创新举措，关注其对学校高质量发展和服务国家需求、服务社会经济发展建设的贡献程度，关注院系及学科的未来发展方向和趋势，考量院系在一个发展周期内在人才培养、科学研究和队伍建设方面最为突出的进步或成就。

同时，为进一步突出个性化考核在整体考核体系中所占的重要比重，学校还在三年一周期的考核奖励中加大对在核心指标考核中表现优异的院系的奖励力度，以此鼓励院系积极探索适合自身学科发展和人才培养的方式方法。

学校通过推动评价标准的差异化优化，明确不同学科专业的发展方向和评价标准，建立个性化的评价机制，引导院系多领域、高质量、原创性建设与发展。

（三）建立和不断完善综合性、长周期评价考核与激励模式

在制定了较为完善和个性化的考核指标之后，如何科学合理设置考核周期，在保障考核效果的同时尽量减轻院系考核工作量，为院系减负也是武汉大学目标管理考核体系在设计和执行中的一个重要考量因素。

根据《总体方案》的相关精神，学校进一步强化了对以基础学科为代表的学科长周期评价的理念，坚持在学科发展和科学研究等工作中遵循"长周期培养、长周期评价、长周期支持"的原则，为人才自主科研"多

留白，不超载"。为进一步与这一基本原则相适配，学校在对院系的目标管理综合考核中也改变了以往以自然年为单位的年度考核，改为对院系进行以三年为周期的阶段性考核。与此相适应，对院系的资源配置与考核奖励也采取"三年一调整，一调管三年"的长周期考核与激励模式。

通过第一期三年的实践，这种较长周期的评价考核与激励模式取得了较好的效果。一方面三年为一周期的考核尊重了人才培养、学科发展和科学研究的基本特点，给予学院一定的时间和空间来进行探索和尝试，不急于求成，而更看重院系在各项工作中的成长度和贡献度的增长趋势。同时，三年一次的资源调配方式及奖励调整也在一定周期内保障了院系办学资源的稳定配置，有利于使院系定下心来集中全力推进院系的建设与发展。

另一方面，三年为一周期的考核也在一定程度上减轻了院系的工作量。武汉大学目标管理考核系统将目前校内由不同职能部门牵头进行的各项工作考核进行了整合与梳理，将各个单项工作的考核统一到对院系的整体目标考核之中。考核数据主要依靠各相关职能部门在日常工作中将所掌握的基本情况与数据，不再需要院系重复填报和提供支撑材料，将院系从每年年末繁复的考核填表、提供数据的工作中解放出来，将更多的精力放在院系人才培养、科学研究、队伍建设的主要工作中来。

二、主 要 成 效

武汉大学学院（系）目标管理考核体系自运行以来，学校积极探索、不断的根据实际情况调整完善，目前已经形成了"多维评价—分类排序—综合运用"的考核评价体系。2022年，第一周期三年的考核工作已经完成，并在整理和总结考核数据和基本情况的基础上形成了一院一策的考核结果分析，为院系下一阶段的建设和发展方向提供了参考。

评价考核结果的科学合理运用，也是衡量这一考核体系是否切实有效发挥指导作用的重要检验指标。根据武汉大学目标管理考核体系的考核评价结果，学校开展了对目标管理评价考核的综合运用。学院（系）

目标管理考核体系作为目前学校评价院系发展现状与趋势的最为全面和具有指向性的指标，考核结果不单作为学校资源调配和激励的重要依据，同时也成为学校干部考核、任命的重要参考。以此为契机，学校进一步完善教师收入分配激励机制，不断强化岗位和绩效激励导向，不再以科研成果数量作为绩效奖励的核心指标，根据不同类型的岗位设置不同的绩效激励标准。贯彻以提升质量为核心的内涵式发展路径，坚持监督、考核、激励相配套，优化绩效考核，激发全员教书育人、干事创业的主动性和创造性。

　　教育评价是指挥棒，关系着高等教育新时代高质量发展的方向与导向。武汉大学将继续以《总体方案》精神为指导，结合学校发展建设实际，坚持问题导向，破立并举，将制度上的改革创新作为学校高质量发展中的动能转换的助推器，以目标管理评价考核改革促进学校内涵式发展。

完善与"双一流"建设相匹配的成果分类激励体系

——以武汉大学为例

曾　峥

武汉大学以习近平总书记重要讲话精神为指引，全面贯彻落实《深化新时代教育评价改革总体方案》（以下简称《总体方案》），坚持质量、绩效、贡献为核心的评价导向，尊重成果的多元价值和科研创新规律，提升学术共同体在评价活动中的地位和作用，持续完善与"双一流"建设相匹配的成果分类激励体系。

一、改革背景介绍

2014 年，武汉大学全面启动教育领域综合改革，以成果评价制度改革为突破口，出台《武汉大学高水平科研成果奖励办法》，探索成果分类激励，设置科研论著、应用研究成果、知识产权三类不同的科研成果类型。2016 年，学校修订《武汉大学高水平科研成果奖励办法》，增加社会服务成果奖，鼓励科研工作者研究成果服务社会。同时出台《武汉大学关于教师教学工作考核评价与绩效激励的实施意见》，健全教学成果的考核评价体系与绩效激励机制，引导教师投入教学、乐于教学，激励教师研究教学、创新教学。2019 年，学校统筹教学成果与科研成果激励办法，出台《武汉大学高水平成果业绩绩效实施细则》，坚持质量为先、激励有效的原则，以服务贡献为核心，聚焦一流学术质量，对高水平人才培养、科学研究和高质量社会服务的成果进行业绩绩效嘉奖。

2020年9月《总体方案》印发后，武汉大学成果评价改革进一步聚焦教学科研并重、分类评价、同行评价三大导向。对照《总体方案》要求，对2019年版《武汉大学高水平成果业绩绩效实施细则》中的有关条款进行研究、修订，删除了高水平科学研究中直接依据SCI论文核算业绩绩效的有关条款，修订了咨询报告、外文学术著作相关奖励条款。同时，出台了《武汉大学学术成果奖实施办法》，制定更加注重分类评价，强化同行评价的评选办法。尊重基础研究、技术和应用研究、哲学社会科学研究等不同类型科研工作多元化的高水平成果表现形式，树立重质量、重贡献的激励导向，激励学者在各自学科领域追求卓越，服务国家重大战略需求，产出更多对社会进步、科技发展具有重大意义和作用的学术成果。

二、优化教学质量评价，引导教师更好履行教书育人职责

学校设立本科优秀教学业绩奖，进一步确立教育教学工作的核心地位，调动教师投身教育教学的积极性和创造性，激发教师"教"和学生"学"的双重动力，激励教师潜心教学，营造尊师重教的教学氛围，打造世界一流的本科教育。这个奖项全面落实新时代高校教师职业行为准则，把师德表现作为教师评优奖励首要要求，将"拥护党和国家教育方针，遵守法律法规，具有良好的职业道德，为人师表，近三年无教学事故、无学术失范行为"列为评选条件第一条，实行师德师风一票否决，评选真正德才兼备、师生认可的优秀教师。评选突出质量导向，重点考察教师教学理念、内容、方法和效果等方面，评价指标不涉及文凭、职称、人才称号等。教学质量评价内容包括教师课程教学理念、内容、方法和效果等方面；评价方式采用学生评价、专家评价和同行评价相结合，按照公共基础理论课程类、通识课程类、专业理论课程类、实验实践类分别进行评选。

自开展教育评价改革以来，武汉大学在教师职称晋升评审中推行分类评价，对教学为主型教师的高级岗位单独进行评审。经两年实践，共有 4 位教师晋升教学为主型教授，8 位教师晋升教学为主型副教授。

三、发挥学术共同体职能，探索负责任的同行评价

对照《总体方案》要求，武汉大学强化"学校—学部—学院"三级学术组织在学术成果评价、学术道德养成、学术氛围营造和科技伦理治理等方面的积极作用，大力推广同行评价。

武汉大学 2022 年学术成果奖评选是该校第一次将成果评价形式由"申报制"改为"推荐制"，所有候选成果由校学术委员会委员、学部学术委员会主任委员推荐，社科院和科发院补充推荐。从专家的学术视角出发，推荐行业领域内他们认为最优秀的成果。被推荐成果经过所在学部学术委员会委员的同行专家评审后推荐到校学术委员会，校学术委员会委员对 6 个学部被推上来的成果进行综合评议，最终产生学校的各类奖项。这次学术成果奖评选是学校突破学科壁垒，兼顾小同行和大同行，探索更多模式、更大范围的同行评价的有益尝试，评选出来的成果表现形式多样，涵盖论文、专著和技术转化等。

四、坚持分类评价，建立突出质量贡献的评价机制

鉴于基础学科人才培养具有周期长、投入高、见效慢等特点，该校始终遵循"长周期培养、长周期评价、长周期支持"的原则，为人才自主科研"多留白，不超载"。

武汉大学古籍整理研究所"冷门绝学传承教师团队"是全国黄大年式教师团队中少有的古籍整理研究和教学团队，自 20 世纪 80 年代起，团队相继编成《故训汇纂》《古音汇纂》《中华大典·语言文字典·音韵分典》等巨纂。三部巨纂，3600 万字，耗时 35 年，两代学人在古代文字、音韵、训诂之学的绝学领域默默耕耘，扎硬寨，打死仗，靠着"板

凳甘坐十年冷，文章不写半句空"的钉钉子精神，把学问做在祖国大地上。35 年中，学院其他系的同代人甚至是后辈也晋升了一级或两级，或当上了教授，或当上了博士生导师。而古籍整理研究所在这方面却经常无奈地"滞后"，甚至因集体项目完成的周期长、工作成果未正式出版，不被评审组承认而多次错过晋升的机会。面对这一情况，学校果断地作出决策：在职称评定方面，古籍所实行晋升指标单列；在业绩认定上，承认编撰人员所编字稿经终审后可作为科研成果。同时，对哲学、历史、古籍整理等特殊学科给予财力支持，以提升老师收入。

自教育评价改革工作开展以来，武汉大学更加坚定了对基础学科长周期评价的理念，按照一流学科的支持标准加大对基础学科的投入保障力度，完善基础研究机制。面向基础学科教师推行"长周期聘任"机制，即从事基础性理论研究的教师，由本人提交研究计划书，经单位同意，学校备案后可适当延长聘期。

下一步，武汉大学将继续完善同行评价机制，进一步重视和细化学科差异，强化科学的评价导向，明确评审专家应遵循的规则，优化教学科研评价指标，丰富代表性成果的类型和表现形式，提升评价的精准性。以人才优先发展引领学校高质量发展，对标国家"十四五"规划和 2035年远景目标纲要要求，立足"武汉光源""珞珈实验室""免疫与代谢前沿科学中心"等科研基础设施建设，重点在集成电路、空天科技、生命健康、极地探测和生物育种等领域，集中人才资源进行关键核心技术攻关。

新时代高校人才评价改革对策探究

张全友

习近平总书记2021年在中央人才工作会议上指出："我们比历史上任何时期都更加接近实现中华民族伟大复兴的宏伟目标，也比历史上任何时期都更加渴求人才。"①随着新的科技革命和产业变革进一步深化，世界各国都在抢抓机遇，人才成为国家之间竞争的撒手锏。当中国特色社会主义进入新时代，资本优势不再被西方国家独享，良好的体制机制成为吸引人才、留住人才、用好人才的制胜法宝。

党的十八大以来，党中央坚持把优化人才评价体系作为人才发展体制机制改革的重要抓手，将充分释放人才的创新创造活力摆在更加突出的位置。目前，教育评价改革在取得一定成效的同时逐步进入深水区，实践中的难点和痛点问题也日渐凸显。

一、高校人才评价改革的难点和痛点

"弟子三千，不如论文一篇。"曾经，全身心扑在教学一线的老师因为没有论文专著，在职称评定上屡屡受挫。随着评价改革的推进，很多高校逐步将师德师风、教书育人纳入人才评价的核心板块，但是师德师风该如何评价、立德树人成效由谁来评价以及同行评价如何才能最大

---

① 中共中央宣传部 国家发展和改革委员会．习近平经济思想学习纲要［M］．北京：人民出版社，2021：112.

限度地克服偏见与人情等因素的影响等问题越来越突出。

（一）评价标准内涵模糊

标准设置是人才评价的核心，也是人才最为关注的问题。自教育评价改革工作开展以来，高校日益重视师德师风，强调立德树人，在教师职称评审中对学术不端行为实行"一票否决"，但是师德师风的评价是否只需要考核学术不端行为这一底线原则？这样设置考核标准极大地缩小了师德师风的内涵外延，使师德师风考核缺乏有效的着力点，难以重塑教师的人格力量。

同时，虽然很多高校已经认识到让教师回归教书育人的重要意义，为那些长于教学的教师设置了单独的评价体系，让一些没有达到一定数量论文的老师可以凭借教学业绩晋升为副教授或教授。但是高校的人才并非只有教学型和学术型两类，还有技术型、管理型、应用型等不同的类型。对于那些"十年磨一剑"的冷门绝学传承者，"手术做得漂亮、论文数量不够"的医生，应该采取什么样的评价标准，才能改变急功近利的短期行为，让教师上讲台、医生到临床、农学家去田间地头、科研人员进实验室和厂房工地。

（二）分类评价不够彻底

不同领域的学科差异决定了不同学科人才的评价方式不能一刀切，仅仅是将自然科学与人文社会科学分开评价还远远不能满足当下学科的精细化分类。自然科学领域内部，有数学、物理、化学等基础理论学科，也有动力机械和水利水电等工程类学科，还有医学类等教学、临床与科研并重的学科。人文社会科学领域内部，有文史哲等基础理论学科，也有以经济学、法学为代表的应用软学科，还有以信息管理为代表的文理交叉学科。忽视各类学科领域科研成果模式和产出周期等方面的差异，难以制定科学的评价标准、适用的评价规则，最终会使评价结果无法兼具科学性和公正性。除此之外，随着科学研究中学科交叉越来越多，交又学科人才评价的需求日益增加，面对这个新问题，评价工作不仅仅缺乏量化评价的科学模型，有时甚至连评审专家都找不到。

（三）代表性成果评价科学性不足

中办、国办印发的《关于分类推进人才评价机制改革的指导意见》中明确要实行代表性成果评价，意在改变片面地用成果量化指标评价人才的局面。什么样的成果可以纳入代表性成果的范畴，什么样的成果才能被称为代表性成果成为各高校在实践中无法准确把握的难点。有的高校在推行代表性成果评价以后，竟然打开了某些原来在成果数量上不能达到职称晋升标准教师的破格之门，其中不乏滥竽充数之辈。浙江大学为了推进代表性成果评价，曾发文称师生在媒体及其"两微一端"上发表的原创作品可以作为师生的学术成果参加职称评聘和评奖评优。尽管这一做法争议颇多，但不失为代表性成果评价的有益尝试。

二、高校人才评价改革的对策探究

为了最大限度用好"人才评价"指挥棒，让各类人才实至名归，必须尽快设计、制定和实施与高校实际相适应的人才评价机制。人才评价需要专家学者和管理干部发挥自身优势分工合作、相互制约。既要确保专家学者在人才评价中有充足的话语权，又要避免"学霸""学阀"任人唯亲；既要发挥管理干部在人才评价中的统筹协调作用，又要避免行政权力过度干预。

（一）立足国情开展人才评价

1925 年，清华大学创立国学研究院之初，梁启超推荐陈寅恪做导师，校长说："陈先生一无大部头著作，二无博士学位，堂堂国学院导师，怎么能连个学衔都没有呢？"梁启超说："没有学衔和著作，就不能当国学院的教授了吗？我梁启超虽然著作等身，加起来不足陈先生三百字有价值。这样的人如果不请回来，迟早会被外国大学请去的！"①

100 年前，梁启超先生用实际行动告诉了我们应该如何评价人才，并为当时积贫积弱的中国请回了"三百年来仅此一人"的旷世大师——陈寅恪。100 年后，中国在全球科技创新领域的地位已由"小跟班"变为"合作者"，个别领域甚至开始担任"领导者"。科技成果评价标准从全球转向本土要求我们始终坚持继承性与本土性，转变"评价标准逆差"，不再将西方标准视作金科玉律，加快构建充分体现中国特色、中国风格、中国气派的人才评价体系。

构建中国特色的人才评价体系应继承中华民族深厚的文化传统，发挥传统文化优势，挖掘传统文化资源，注重评价人才师德师风、学术学风和立德树人成效。人才评价应更注重扎根中国大地，更多地考察其服务国家重大战略需求、解决中国问题、总结中国经验的能力。同时，应当明确构建具有中国特色的人才评价体系并不是要逆全球化，而是从被动接受转向主动制定甚至引领，进而传播中国经验，讲好中国故事。

（二）细化人才分类评价标准

细化人才分类评价标准需要我们首先确定如何分类，既不能简单地按照学科分类，一门学科一套标准造成评价资源的浪费，也不能笼统地分为人文社会科学和自然科学两大类。合理分类应该根据学科差异深挖科研背后的知识逻辑，根据不同评价对象和成果产生周期设置不同的评价标准，采用不同的评价方法。可以尝试将人文社会科学人才按照基础研究、应用研究、决策咨询三个类别分别评价，将自然科学人才按照基础研究、应用研究、技术开发、科技咨询四个类别分别评价。

确定了如何分类之后，就要根据分类结果来设计相应的评价内容、评价方法，形成与成果产生周期相适应的人才评价机制，重点考察人才的品德、能力和贡献等方面。以立德树人为根本任务的高校教师自身应

---

① 黄加佳.杏坛传奇——清华国学研究院始末［N］.北京日报，2022-03-08.

德才兼备,科研诚信是必须坚守的底线。高校为教师建立的个人诚信档案,不仅应涵盖教书育人、科学研究中的学术诚信,还应涵盖同行评价、论文盲审中的公平公正。品德的考察无须分类,能力和贡献的考察则需要根据人才学科属性和岗位类别的不同分类评价。针对基础研究的成果产出耗时更长、理论性更强,需要在评价时适当拉长评价周期,减少量化指标的考察,增加同行评价、国际同行评价的权重;针对应用研究和对策研究的成果进入市场、服务社会经济发展,则需要在评价时增加市场评价和社会评价的权重。此外,推进人才分类评价工作还需要合理运用评价结果,健全科学的资源配置机制。将有限的资源用到最需要、最值得、最有潜力的人才身上,形成人才评价与资源配置的良性循环。

对于一些工科类的学科,它们与行业的联系相对于其他学科来说更加紧密,打破高校与企业、高校与社会的壁垒,借鉴行业的人才评价模式不仅利于更加精准地定位学生培养的方向和重点,也能为业界人才的引进和培育奠定更为良好的基础。以通用电气公司为例,该公司将成长价值和业绩作为人才评价的标准,比例各占50%。成长价值包括外部导向、思维清晰、想象力和勇气、包容性以及专业性五个方面。结合成长价值的内容,按照不同职级来制定具体需要完成的目标。例如对资深专业管理者职级,在"外部导向"成长价值中设计了全球性知识、与市场衔接、预测未来和立足未来、构建业务网络、向客户提供附加价值、与客户建立良好关系6个评价主题,每一个主题的评分为超出预期、大致符合预期、需要改进。每一个评价主题下设有细化的评价标准,例如在全球性知识中,超出预期的表现是"精通重要的经济政治环境等发展趋势,能够将自己掌握的知识和经验反馈在商业计划和实际行动中"。大致符合预期的表现是"能够将市场行业及监管的动向反映到自己的决策中"。需要改进的表现是"虽然掌握了市场发展动向或事件的相关信息,但未能运用到业务的发展与决策中"。

（三）完善人才评价方式

教育评价改革摒弃之前单纯依靠数文章、数项目的定量评价，采用重点考察人才品德、能力和贡献的定性评价，依托"代表性成果评价"和"同行评价"综合考核、评价人才。需要明确的是，推行代表性成果评价并非完全推倒之前的量化指标，而是在成果数量的基本要求上增加成果的表现形式，在合适的环节允许用工程应用、成果转化、咨政建言、教案病例等其他成果形式替代论文，参评人可在所有成果中选择 1~2 项成果作为代表性成果，在职称晋升的过程中，以代表性成果的高低来决定差额晋升的人选。

同行评价是由各领域专家对人才进行评价认定，小同行评价尤其是指同领域专家对人才进行评价认定。同行评价旨在淡化外在量化指标的权重，重点考察研究的创新性、独特性以及在某个研究方向上取得突破的可能性并给出负责任的学术评价。国家自然科学基金委员会在评审项目的时候也反复要求专家排除外界干扰，避免将个人偏见和人情因素带入评价。现代科学技术既细分又交叉，小同行评价越来越重要。当年，名不见经传的陈景润对华罗庚名著《堆垒素数论》提出不同意见，华罗庚看后称："谁说没有人才！"在华罗庚力荐下，陈景润进了中科院数学所。小同行评价之所以越来越受推崇，就在于更有专业眼光，能精准促使"千里马"脱颖而出。

（四）提升学术共同体的话语权

按照高校传统的人才评价工作流程，评价活动的组织、评价内容的确定、评分标准的设计、被评人才的分类、评审专家的分组都是由学校的人事组织部门来统筹安排，学术共同体在人才评价活动中像一个被动的打分机器，难以发挥学术共同体在人才评价活动中的主观能动性。破解这个尴尬的局面不仅需要提升学术共同体在人才评价中的话语权，更需要增强学术共同体对人才评价的责任心和判断力。通过学术共同体的一致决议，来确定人才评价的标准，开展人才评价，解决人才评价科学性、公正性的分歧，是世界各国学术界公认的最佳方式。参与评价的专家应秉持公心，以高度的自主性和自律性对人才进行评价是保障人才评价工作科学有效、公平公正的原则底线。

人才评价还需让用人单位有足够的话语权，学院（系）、研究所是科技创新的主体，也是用人主体。人才够不够格，用人主体最有发言权。站位决定视角，视角决定标准。人的才能是有锯齿性的，用行政思维看人才，"五唯"现象往往难以避免，结果是"管用的评不上，评上的不一定管用"。用实事求是的思维看人才，能力和实绩最重要，破"五唯"也便成了必然选择。

总而言之，人才评价并不仅仅是为了考察教师在过去的工作成效，更重要的是为教师未来的发展找准方向，这才是"人才评价"指挥棒作用的最终落脚点。高校不仅要开展人才评价，还要重视对人才成长曲线的跟踪监测和分析研判，即打通校内各信息接口，构建大数据监测系统，为不同类型的学术成果赋予权重，形成人才综合评价模型，帮助人才对标一流，找准未来学术发展的突破点，实现人才发展量身定制。

参考文献：

［1］韩震.知识形态演进的历史逻辑［J］.中国社会科学，2021（6）.

［2］杨佳乐，高耀.知识转型与评价转向：高效科研人才评价困境及重构［J］.中国高教研究，2022（2）.

［3］黄明勇，张硕，刘迎春，李媛媛.破"五唯"背景下的高校人才评价机制研究［J］.昆明理工大学学报（社会科学版），2021（5）.

［4］童锋，王兵."双一流"高校人才分类评价的实践探索与理念重构［J］.评价与发展，2020（11）.

［5］夏欢欢."双一流"建设背景下高校内部人才培养和评价体系研究——以美国哥伦比亚大学教育学院为例［J］.中国高教研究，2019

（3）.

［6］李俊儒."立交桥"发展模式：高校人才分类评价实践探索——以电子科技大学为例的比较分析［J］.评价与发展，2022（1-2）.

关于新时代高等教育评价的思考

詹存博

　　高等教育评价与高等教育相辅相成，对高等教育的发展至关重要。不管是我国，还是西方社会，教育评价的发展都经历了漫长的历史。但真正现代意义上的高等教育评价制度则源自西方 19 世纪的教育测验运动，到了 20 世纪 50 年代，泰勒的教育评价模式在西方教育界得到重视，随之在教育界的学习与批判中，各种教育评价模式涌现，高等教育评价制度得到极大发展。

　　在 20 世纪 20 年代，近代中国高校也开始出现测验课程，随后教育测验与教育评价相结合的模式初步形成，一批相关专著也逐渐面世，为早期教育督导制度奠定了基础。但是直到 20 世纪 80 年代，我国高等教育评价制度才真正发展起来，开始积极引进西方高等教育评价理论及方法。1985 年，我国发布《中共中央关于教育体制改革的决定》，强调要实行"简政放权，扩大学校办学自主权"，尤其提出"政府要组织知识界和社会界对高等学校办学水平和教育质量进行评估"，自此我国高等教育评价快速发展；1990 年又发布了《普通高等学校教育评估暂行规定》，以法规形式规范我国高等教育评价工作。

　　在 20 世纪末 21 世纪初，教育部分别组织过高校合格评估、水平评估以及审核评估等教育评价活动，这一系列活动既丰富了我国高等教育评价实践，同时为新时代高等教育评价发展奠定了基础。

一、机遇与挑战并存：新时代高等教育评价面临的环境

新时代社会经济蓬勃发展,高等教育也面临更为复杂的国内外环境,机遇与挑战并存。有学者总结道,"我国高等教育进入新时代的标志主要体现在四方面:一是我国社会主要矛盾发生变化;二是高等教育进入普及化阶段;三是'双一流'建设与高等教育强国建设进入攻坚期;四是'双循环新发展格局'正在逐步形成"。① 现在国际社会关于人才的竞争日益激烈,如何培养更优秀的人才为世界高校所瞩目。我国经济发展现在面临很多技术攻关"卡脖子"难题,如何突破西方封锁,更是寄希望于创新人才的培养,"李约瑟难题"和"钱学森之问"依然值得我们反复去琢磨。教育评价就是要找出高校发展过程中值得肯定的经验以及出现的不足,在此基础上做好整改工作,从而推动高校培养出更多德智体美劳全面发展的社会主义建设者和接班人。在这种大背景下,如何充分利用教育评价这个指挥棒就显得尤为重要,所以我们要认识到随着新时代高等教育的发展,教育评价也呈现出新的特点。

一方面,高等教育评价主体、客体逐渐多元化。国家、社会、高校等不同主体作为评价人,关注高等教育的角度会有所不同。近年来,由社会第三方发布的各高校排行榜受到各界人士的追捧,就体现了社会层面对高校人才培养的重视,有些企业也会从用人角度对毕业生提出不同的要求,同时现在各高校发展日新月异,特点各有不同。这种种因素或多或少影响着高校层面的自我评估和定位,如何吸纳融合不同评价主体的要求,并结合自身发展特点,是每所高校开展教育评价都需要重点思考的内容。此外,现在高校的被评价对象也呈现多元化,对于教师、学生、管理人员、高校基础设施建设等,都有不同的评价标准,在不同的评价指标中,偏重也各有不同。各高校需科学判断,制定合理的评价指标体系,

---

① 靳玉乐,朴雪涛,赵婷婷,刘小强,司林波.笔谈:新时代教育评价改革与制度创新［J］.大学教育科学,2021（1）：13-25.

以实现教育评价的正向激励作用。

另一方面，现代信息技术快速发展，评价方式及手段也日益丰富。大数据时代，量化评价发展迅速，各种指标似乎都可以落实到数据上面，各高校排行榜的出炉就实现了"线上评价"模式。各种评价工具、评价系统也应运而生，为高等教育评价带来了极大的便利，让"技术为教育评价赋能"的呼声也越来越大，尤其是 5G 技术以及人工智能的发展，积极推动了教育评价的科学性、客观性。各学者针对这一现象，也纷纷发表自己的看法，如"数据是院校研究的基础，信息技术的高速发展推动了高校管理决策从经验驱动转向数据驱动"，"教育评价离不开大数据支持，高校数据的收集、处理和分析是院校研究的基础，学科建设需要全面、系统、深入的数据分析来提供决策支持"，等等。①

以上就是新时代高等教育评价面临的大环境及其发生的变化。在这种复杂多变的形势下，我们有必要进一步梳理高等教育评价遇到的难题。

二、总结与反思：新时代高等教育评价面临的困境

高等教育评价是高等教育发展的方向盘，方向如果出问题，路子则容易走偏。经分析总结，新时代高等教育评价主要面临以下四个方面的困境。

（一）未能妥善解决多元评价主客体之间的矛盾

新时代高等教育评价的主体和客体都不是单一的，如何解决各方冲突已成为高校教育评价无法绕开的一个议题。如社会层面对高校的教学情况也日益关注，各企业对人才的要求也不完全一样，有些对专业的要求更高，有些则更注重学生的全面发展。而企业更需要哪类人才则直接

---

① 祝欣莹. 做实院校研究 助力高等教育评价改革［J］. 高等教育研究，2021，42（8）：107，109.

影响到高校各专业的招生，即所谓热门专业会受到更多家长和学生的青睐。在这样的背景下，不管是招生，还是就业，或者是师资配比，热门专业的资源都会比冷门专业要丰富。但对于国家和高校来说，并不能完全以社会需求为导向，国家有国家的战略布局，高校也应该有自我定位。此外，被评价对象也各有不同立场，在开展教育评价的时候不能一刀切，而且评价主客体之间也是可以相互转化的，像教师和学生既可以是评价人，也同时会成为被评价对象。故而只有梳理清楚这种种关系，才能更加科学地制定评价指标体系。

（二）侧重于"评"，忽视"改"和"建"的相关工作

《普通高等学校本科教育教学审核评估实施方案（2021—2025）》提出"以评促建、以评促改、以评促管、以评促强"，但是在实际执行过程中，很多高校将主要精力放在准备迎接评估部分，而评估后的整改以及建设工作并未得到足够的重视，有些甚至流于形式化。又或者由于实际存在的困难，短期无法对评估中发现的一些问题进行整改，就未将相关任务明确分工，责任到人，时间长了就不了了之。正是因为存在这些情况，教育评价失去了它本有的价值功能以及权威，甚至高校很多教师以及管理人员会对评估产生排斥态度，认为不过是瞎折腾，实际效果微乎其微。

（三）重视总结性评价，忽视过程性评价

各评价主体在开展高等教育评价过程中，普遍倾向以结果为导向，如对师资队伍的评价，可能更多地以教师获奖、科研数量等为参考标准，对学生学习成果的评价，以学生获奖、考试成绩等为主要依据。这样的评价结果较为片面，忽视了教学过程和学习过程，未能客观评估教学整体情况，且过于看重获奖和成绩，易导向教学的功利化。针对这种现象，有学者提出，"高校考评方案中的指标项目和评价标准均体现出一定程度的结果导向，实际忽视了过程管理以及教育的本质属性，高校应在不

断反思中实现人才培养考评制度的革新"。①

（四）评估过程中，过于依赖数据，偏重量化评估

在大数据时代，各高校排行榜在社会上产生了较大反响，普遍受到学生和家长以及企业的认可，且人们依据各排行榜做出选择。但是这种纯粹依靠数据做出的分析有时候并不能完整呈现高校真实的教学水平，而且有些排行榜的数据更多的是以科研成果为导向，而忽视了人才培养这一关键指标。有些高校也容易受到社会评价的影响，甚至为了迎合排行榜，会刻意美化一些数据。这种片面的量化评估是非常危险的，非但不能更好地推动高等教育发展，甚至有可能将其导向歧途。不可否认，量化评估也是高等教育评价的重要组成部分，但是不能完全以此为主，因为"大学评估中可以量化的事项极其有限，而且这些可测量的未必是大学至关重要的部分。决策时不能将排名置于大学本质之上，以量化的精确评估替代大学发展的实质"。②

三、重视与应对：如何更好地发挥新时代
高等教育评价正向功能

面对新时代的困境，如何做才能更好地发挥高等教育评价功能，最大限度地实现正向激励作用呢？可考虑从以下几个方面着手应对。

（一）坚持立德树人，平衡各评价主客体之间的价值冲突

2020年，国家发布《深化新时代教育评价改革总体方案》，明确了要坚持立德树人的原则，为新时代高等教育评价指明了方向。立德树人是育人的根本，可将立德树人成效作为评价标准，推动多方价值观融合。高校的基本功能就是培养人才，而评价人才的指标之一即是"德"，所

---

① 祝欣莹. 做实院校研究 助力高等教育评价改革［J］. 高等教育研究，2021，42（8）：107-108.

② 王健华. 量化评估与大学发展［J］. 高等教育研究，2020，41（11）：35.

谓先"成人"再"成才"。不管从国家层面、社会层面，还是从高校自身层面来说，立德树人都是高等教育的根本任务。以立德树人成效为评价导向理应成为各评价主客体的共识，各方可在这个基本共识基础上，再结合各自关注点，聚焦解决实际问题，制定行之有效的评审方案。

（二）重视教育评价反馈机制建设，加大整改工作力度

开展高等教育评价的根本目的不是在于"评"，而是通过"评"发现问题，更好地推动高等教育建设，实现高等教育治理现代化。所以我们要推动教育评价反馈机制建设，以本科教学评价为例，首先要制定科学合理的评价指标体系。为科学评价高校的整体教学状况，新一轮审核评估坚持分类指导，实施分类评价、精准评价，这种评价原则更有利于客观评价每所高校。其次，完成教学评价后，重点梳理在评价过程中发现的教学问题。主动构建一种系统的反馈机制、整改机制以及监督机制，从上到下，形成完整的闭环，实现有"评"，就有"改"、有"建"。

（三）推动过程评价与结果评价结合，定量评价与定性评估结合

在开展高等教育评价过程中，不能只看结果，更要看过程，其实"对他人以及对自身的认识与评价，不可能一时一地和一次性完成。结果的评价是在长期反复的认识和交往过程中获得的，越是注重过程评价，结果评价就越是全面客观"。[①] 同理，在评价过程中，我们不能陷入过度量化的陷阱。不可否认，对教学数据展开分析很重要，因为可以直观地呈现高等教育发展的基本现状，所以量化评估是高等教育评价的重要组成部分；但同时我们需要意识到在实际教学过程中，很多指标是没法量化的，譬如教师的职业道德、授课水平，学生的学习能力、责任担当、集体精神等都是无法量化的。这些都需要评价主体深入了解，做定性分析后再

---

① 刘振天，罗晶.高等教育评价"双刃剑"：何以兴利除弊［J］.大学教育科学，2021（1）：11.

去综合评价。所以，定量评价与定性评估结合才更加科学。

（四）加强教育评价培训与研究，重视元评价

开展科学教育评价的基本前提是评价主体要了解新时代高等教育发展的基本状况，认识高等教育评价的新变化，掌握教育评价的基本要义。故在开展评价前，有必要对评价主体进行系统的培训。国家要对全国参评高校进行培训，各高校要对校内教师及管理人员进行培训。有些高校依靠教师教学发展中心这一机构普及评估要点，或者有专门的管理部门负责评估事宜，这都是行之有效的方法。此外，我们要认识到教育评价是一项复杂系统的工作，有必要积极加强相关研究工作。如前文提到要重视定性评价，但如何开展定性评价？这并不是一蹴而就的事情，需要有成熟的教育理念、科学的教育理论作为支撑，所以开展教育评价理论研究，有助于推动教育评价实践。元评价是一种再评价，即对高等教育评价本身进行的再论证，包括对评价方案的合理性、评估成效好坏等进行再分析，重视元评价即是对高等教育评价发展的一种总结反思，有助于查缺补漏，更好地发挥新时代高等教育评价功效！

新时代高等教育不断迈向卓越，高等教育评价发展也欣欣向荣，但是我们同时必须意识到高等教育评价工作的复杂性和特殊性，不要因为现阶段的困境而止步不前，也不要过于自信而冒进，而是要脚踏实地解决问题，推动高等教育评价持续向前科学发展。"高等教育系统就是一个生态系统。不同层次、不同类型的大学组成了生态链，而每个大学都处在这条生态链中不同的生态位之上。"[①] 我们要努力全面了解这个生态系统，开展科学有效的评价，提升高等教育发展质量！

---

① 张阳. 多元评价视角下的大学定位研究［M］. 徐州：中国矿业大学出版社，2016：182.